SERKEFTIN!

KURMANJI KURDISH

Coursebook with Exercises

Language level **A1** +

Murat Baran

www.serkeftin.com

Second edition 2020 Çewlig

ISBN 978-1983369278

Amazon Publishing

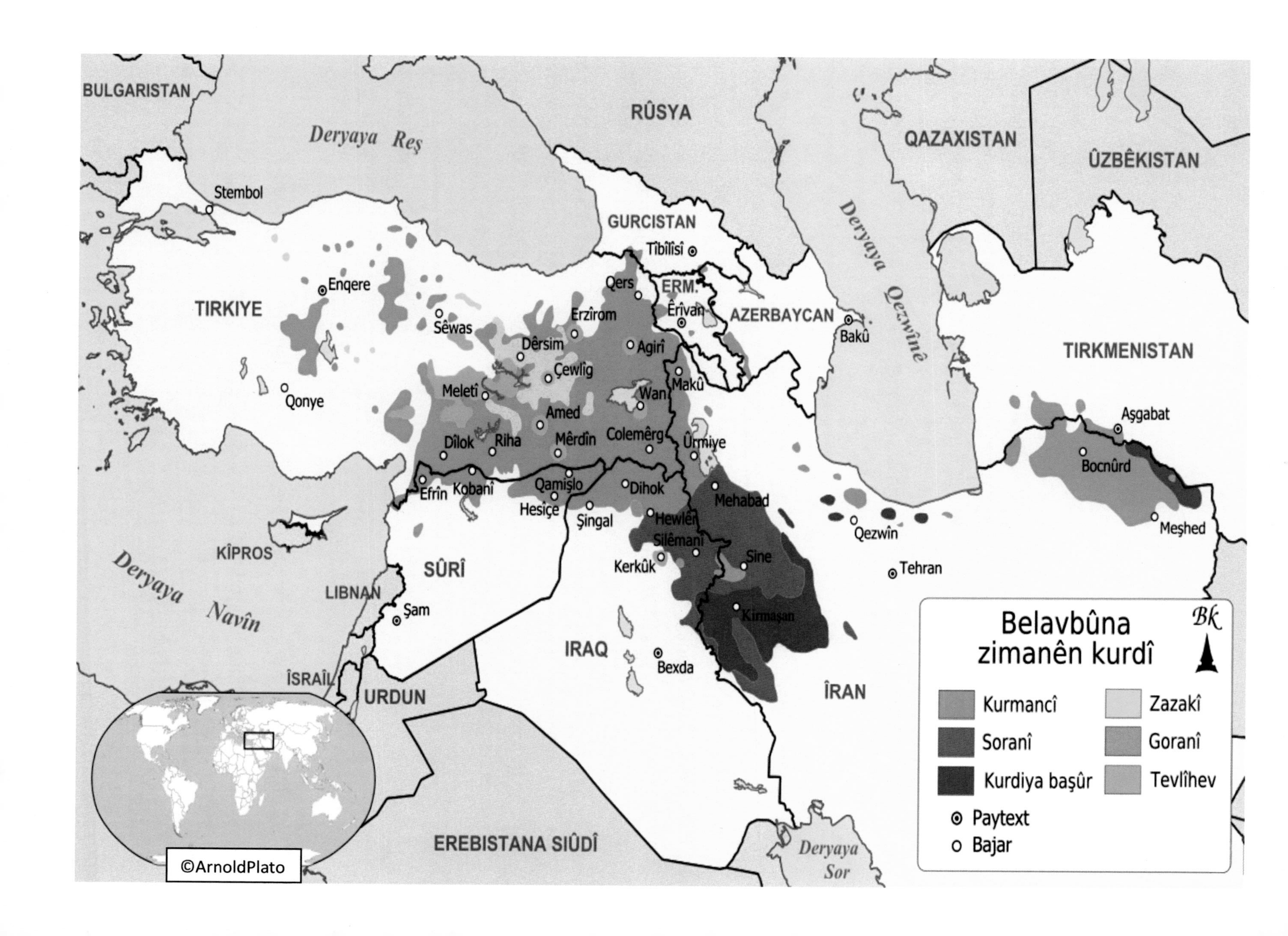
Belavbûna zimanên kurdî
Kurmancî
Soranî
Kurdiya başûr
Zazakî
Goranî
Tevlîhev
Paytext
Bajar
BULGARISTAN
RÛSYA
QAZAXISTAN
ÛZBÊKISTAN
Deryaya Reş
Deryaya Qezwînê
GURCISTAN
Tîbilîsî
ERM.
Êrîvan
AZERBAYCAN
Bakû
TIRKMENISTAN
Aşgabat
Bocnûrd
Meşhed
Stembol
TIRKIYE
Enqere
Qonye
Sêwas
Dêrsim
Erzîrom
Qers
Agirî
Çewlig
Meletî
Amed
Wan
Makû
Dîlok
Riha
Mêrdîn
Colemêrg
Ûrmiye
Efrîn
Kobanî
Qamişlo
Hesiçe
Dihok
Mehabad
Şingal
Hewlêr
Silêmanî
Kerkûk
Sine
Kirmaşan
Qezwîn
Tehran
KÎPROS
Deryaya Navîn
SÛRÎ
LIBNAN
Şam
ÎSRAÎL
URDUN
IRAQ
Bexda
ÎRAN
EREBISTANA SIÛDÎ
Deryaya Sor
©ArnoldPlato

Preface

Kurdish languages (Gorani, Kurmanji, Sorani, Southern Kurdish and Zazaki) belong to the Iranian languages of the Indoeuropean language family. Kurmanji (Kurmancî) is the language most spoken by Kurds and is mainly spoken in five countries: Turkey, Iran, Iraq, Syria and Armenia. Also in European countries like Germany or the UK, many people speak Kurdish. In the course of history, Kurmanji has been written with several different language signs. Since the 1930s, Kurmanji is written in the Latin alphabet which entails 31 letters.

SERKEFTIN! is a Kurdish (Kurmanji) course book of the European language level A1. It is suitable for adolescent as well as adult scholars and introduces language learners to important everyday situations. The book consists of speaking, writing, listening and reading comprehension exercises.

In its ten chapters, this book deals with situations such as meeting new people, telling the way and time, shopping, seeing the doctor, writing letters and Kurdish culture. The grammar exercises include for example different verb conjugations in present tense, future tense and conjunctive mood. Thereby, the book provides beginners with a smooth start into learning the Kurdish language. It leads up to the next language level A2.

Murat Baran

Çewlig, 2020

 This symbol indicates that the related text can be found as audio file.

Further information about the audio files is on page 95.

NAVEROK

Beşa yekem

A. Hevnasîn

Question: Navê te çi ye?
Answer: Navê min _________ (y)e.

> The verb is **„ye"**, if the name ends with a vowel.

Bahoz: Rojbaş! Navê min Bahoz e. Û yê te?

Kawa: Rojbaş Bahoz! Navê min Kawa ye.

Question: Tu çawa yî?
Answer: Ez ___________ im.

Bahoz: Tu çawa yî?

Kawa: Ez baş im û tu çawa yî?

Bahoz: Ez jî baş im. Spas!

Question: Tu ji kû derê yî?
Answer: Ez ji ___________ me.

Bahoz: Tu ji kû derê yî?

Kawa: Ez ji Kurdistanê me û tu?

Bahoz: Ez ji Brîtanyayê me.

> The place name ends with **-ê**, if it ends with a **consonant**.
> The place name ends with **-yê**, if it ends with a **vowel**.

B. Hevoksazî

Ez	sêvê	dixwim.
I	apple	eat.

Ez	te	dibînim.
I	you	see.

The word order in Kurmanji:
subject + object + verb

Ez	diçim(e)	malê.
I	go	home.

Ez	didim(e)	te.
I	give	you.

When using verbs which indicate a direction of motion, the word order in Kurmanji is:
subject + verb + object

Navê	te	çi	ye?
Name	your	what	is?

Navê	min	Bahoz	e.
Name	my	Bahoz	is.

Tu	çawa	yî?
You	how	are?

Ez	baş	im.
I	good	am.

Tu	ji kû derê	yî?
You	from where	are?

Unlike in English, *Wh-question words* in Kurmanji are not usually at the beginning of the sentence. They are placed right before the verb.

Ez	ji	Kurdistanê	me.
I	from	Kurdistan	am.

C. Alfabeya kurmancî

1) Listen and repeat. 

Guh bidinê û dubare bikin.

Tîp	Deng	Kurmancî	Îngilîzî
A a	[a]	agir (fire)	f**a**ther
B b	[b]	**b**eq (frog)	**b**uy
C c	[dʒ]	**c**ewrik (puppy)	**j**udge
Ç ç	[tʃ] and [tʃ^h]	**ç**av (eye)	**ch**ild
D d	[d]	**d**est (hand)	**d**ate
E e	[æ]	**e**lok (turkey)	c**a**t
Ê ê	[e]	**ê**zing (wood	l**a**ke
F f	[f]	**f**îl (elephant)	**f**riend
G g	[g]	**g**ore (sock)	**g**uest
H h	[h] and [ħ]	**h**esp (horse)	**h**ouse
I i	[ɨ]	k**i**n (short)	act**i**on
Î î	[i]	**î**sot (paprika)	m**ee**t
J j	[ʒ]	**j**in (woman)	vi**s**ual
K k	[k] and [k^h]	**k**er (donkey)	**c**at
L l	[l]	**l**aş (body)	**l**ife
M m	[m]	**m**asî (fish)	**m**an
N n	[n]	**n**an (bread)	**n**o
O o	[o]	**o**de (room)	n**o**te
P p	[p] and [p^h]	**p**or (hair)	**p**ark
Q q	[q]	**q**az (goose)	Arabic **qaf**
R r	[ɾ] and [r]	**r**ovî (fox)	**r**ide
S s	[s]	**s**êv (apple)	**s**ea
Ş ş	[ʃ]	**ş**ekal (shoe)	**sh**ape

Tîp	Deng	Kurmancî	Îngilîzî
T t	[t] and [tʰ]	**t**eng (narrow)	**t**ea
U u	[ʊ]	k**u**r (son)	f**oo**t
Û û	[u]	**û** (and)	c**oo**l
V v	[v]	**v**ala (empty)	**v**ast
W w	[w]	**w**elat (homeland)	**w**est
X x	[x] and [ɣ]	**x**ilt (mole)	German **ch**
Y y	[j]	**y**ek (one)	**y**ellow
Z z	[z]	**z**iman (language)	**z**ero

Kurmanji has a digraph „**xw**“, that occurs frequently.
For example: **xw**eş (delicious), **xw**estin (want), **xw**endin (read)

2) Spell your name.

Tîp bi tîp navên xwe bibêjin.

For example: Navê min Bahoz e, **B– A – H – O – Z**

Navê min Rojda ye, **R – O – J – D – A**

- Personal pronouns

Subject case			**Personal endings** (*„to be“ = **bûn***)		
1st person sg.	**ez**	I	**im / me**	→	am
2nd person sg.	**tu**	you	**(y)î**	→	are
3rd person sg.	**ew**	he/she/it	**(y)e**	→	is
1st person pl.	**em**	we	**in / ne**	→	are
2nd person pl.	**hûn**	you	**in / ne**	→	are
3rd person pl.	**ew**	they	**in / ne**	→	are
polite	**hûn**	you	**in / ne**	→	are

3) Read the dialogues.

Diyalogan bixwînin.

A: Ez Bahoz im. Tu jî Bahoz î?

B: Na, ez Kawa me.

A: Ma ew Bahoz e?

B: Erê, ew Bahoz e.

C: Em heval in. Hûn jî heval in?

D: Erê, em jî heval in.

C: Ma ew jî heval in?

D: Na, ew bira ne.

4) Fill in the blanks with the correct form of the verb „to be“.

Cihên vala bi forma rast a lêkera „bûn“ê dagirin.

1. Navê te çi __________?
2. Tu kî __________?
3. Hûn kî __________?
4. Navê min Zerya __________.
5. Navê min Hogir __________.
6. Em Zerya û Hogir __________.
7. Ma tu Zerya __________?
8. Erê, ez Zerya __________.
9. Ma tu Hogir __________?
10. Erê, ez Hogir __________.
11. Ma Zerya baş __________?
12. Hûn ji kû derê __________?
13. Ez ji Kurdistanê __________.
14. Em ji Brîtanyayê __________.
15. Ew ji Kurdistanê __________.

Zerya

Hogir

D. Merheba! Tu çawa yî?

1) Read the dialogues with your neighbours.

Diyalogan bi cîranên xwe re bixwînin.

Hogir: Merheba! Tu çawa yî?

Mary: Ez baş im, spas. Tu çawa yî?

Hogir: Ez pir baş im. Gelek spas!

Mary: Ez kurmancî hîn dibim.

Hogir: Ma tu îngilîz î?

Mary: Erê, ez ji Londonê me.

Hogir: Li ser çavan!

Şîlan Hemrîn: Rojbaş, xanima Baran! Ez dixtora we Şîlan Hemrîn im.

Zelal Baran: Rojbaş, xanima Hemrîn.

Şîlan Hemrîn: Hûn çawa ne?

Zelal Baran: Ya rastî, nebaş im.

Şîlan Hemrîn: Derbasbûyî be! Hûn ji kû derê ne?

Zelal Baran: Ez ji Xoyê me.

Şîlan Hemrîn: Hûn çend salî ne?

Zelal Baran: Ez bîst û neh salî me.

Xoşyar Dihokî: Merheba! Tu çawa yî?

Bedirxanê Botî: Baş im. Ev xebatkarê me yê nû, birêz Hêja Torî ye. Ew ji Mêrdînê ye.

Xoşyar Dihokî: Merheba birêz Torî. Ez ji Dihokê me. Serkeftin di karê we de!

Hêja Torî: Gelek spas!

Behman: Êvarbaş! Tu bi kurmancî dizanî?

Nazenîn: Êvarbaş! Erê, ez bi kurmancî, almanî û îngilîzî dizanim.

Behman: Pir baş e. Tu çend salî yî?

Nazenîn: Ez bîst û heft salî me.

Behman: Tu ji kû derê yî?

Nazenîn: Ez ji Zaxoyê me.

Kawa: Êvara te bi xêr!

Heydar: Bi xêr û silamet, ya te jî!

Kawa: Tu çawa yî, baş î?

Heydar: Baş im, Xwedê ji te razî be!

Kawa: Tu ji kû derê yî?

Heydar: Ez ji Şingalê me.

Kawa: Li ser çavan!

2) Answer the questions.
Pirsan bibersivînin.

1. Nazenîn ji kû derê ye? ______________________

   (Where is Nazenîn from?)

2. Ma Mary kurd e? ____________________

   (Is Mary Kurdish?)

3. Kî ji Mêrdînê ye? ____________________

   (Who is from Mêrdîn?)

4. Dixtora Zelalê kî ye? ____________________

   (Who is Zelal's doctor?)

5. Kî ji Londonê ye? ____________________

   (Who comes from London?)

6. Kî bi almanî dizane? ____________________

   (Who can speak German?)

7. Kî kurmancî hîn dibe? ____________________

   (Who is learning Kurmanji?)

8. Navê xebatkarê nû çi ye? ____________________

   (What is the name of the new colleague?)

9. Nazenîn bi kîjan zimanan dizane? ____________________

   (Which languages does Nazenîn speak?)

10. Nazenîn çend salî ye? ____________________

    (How old is Nazenîn?)

E. Xwedannaskirin

1) Listen and fill in the blanks.

Guh bidinê û cihên vala dagirin.

_________! Navê min _________ e. Ez bîst û çar (24) salî me. Ez li ______________ rûdinim. Ez beşa mamostetiyê dixwînim. Zimanê min ê zikmakî ____________ ye. Ez niha _____________ fêr dibim.

___________! Navê min _________ ye. Ez bîst û sê (23) salî me. Ez ji ___________ me, lê li _____________ beşa psîkolojiyê dixwînim. Zimanê min ê zikmakî ___________ ye. Ez ___________ fêr dibim.

___________! Navê min ___________ ye. Ez sih û çar (34) salî me. Ez li ________________ dijîm. Ez dixtor im. Zimanên min ên zikmakî ____________ û ___________ ne. Ez niha ___________ hîn dibim.

__________! Navê min _________ e. Ez bîst û pênc (25) salî me. Ez ji ________ me, lê li ____________ dijîm. Ez hemşîre me. Zimanên min ên zikmakî ________ û ________ ne. Ez niha __________ hîn dibim.

2) Answer the questions.

Pirsan bibersivînin.

Navê te çi ye? (What is your name?) ______________________

Paşnavê te çi ye? (What is your surname?) ______________________

Tu çawa yî? (How are you?) ______________________

Tu ji kû derê yî? (Where are you from?) ______________________

Tu li kû derê rûdinî? (Where do you live?) ______________________

Tu li kû derê dijî? (Where do you live?) ______________________

- Personal pronouns

Object case		
1st person sg.	**min**	me
2nd person sg.	**te**	you
3rd person sg.	**wî / wê**	him - it / her – it
1st person pl.	**me**	us
2nd person pl.	**we**	you
3rd person pl.	**wan**	them
polite	**we**	you

- Possessive pronouns

Kurmancî	**Îngilîzî**	**Mînak** (**mal**: *home*)
min	my	mala min ***(my home)***
te	your	mala te ***(your home)***
wî	his - its	mala wî ***(his home)***
wê	her - its	mala wê ***(her home)***
me	our	mala me ***(our home)***
we	your	mala we ***(your home)***
wan	their	mala wan ***(their home)***
we	your *(polite)*	mala we ***(your home)***

3) Fill in the blanks with the possessive pronouns.

Cihên vala bi cînavkên xweyîtiyê dagirin.

1. **Navê mamosteyê _______ çi ye?** *(2nd person – singular)*
2. **Gundê _______ li kû derê ye?** *(1st person – plural)*
3. **Çend sêvên _______ hene?** *(2nd person – plural)*
4. **Şalê _______ çi reng e?** *(3rd person – singular)*
5. **Hevala _______ ji kû ye?** *(3rd person – singular)*
6. **Destê _______ mezin e.** *(1st person – singular)*
7. **Xwarina _______ xweştir e.** *(3rd person – plural)*
8. **Xaniyê _______ ji vir dûr e.** *(3rd person – singular)*
9. **Xaniyê _______ li kû ye?** *(2nd person – plural)*
10. **Hevalê _______ kî ye?** *(3rd person – singular)*

4) Introduce yourself to your neighbour.

Xwe ji bo cîrana/ê xwe bidin naskirin.

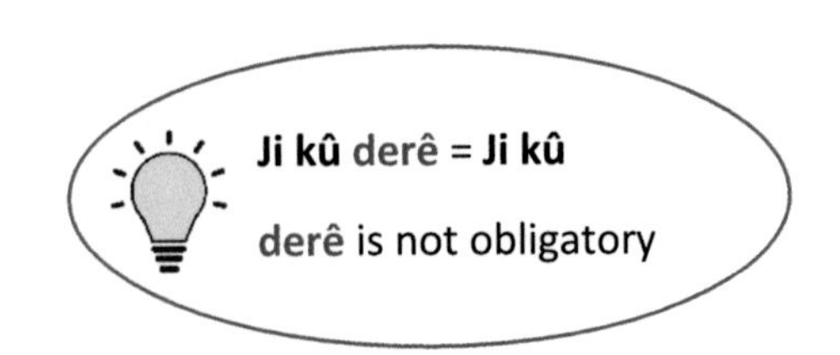

5) Fill in the blanks.

Valahiyan dagirin.

I.	p _ şn _ v	surname	IV.	Ê _ a _ b _ ş!	Good evening!
II.	z _ m _ n	language	V.	B_ x _ t _ r _ t _!	Goodbye!
III.	R _ j _ a _!	Good day!	VI.	M _ rh _ b _ !	Hello!

Beşa duyem

A. Hejmar

1) Learn the Kurdish numbers.

Hejmarên kurdî hîn bibin.

0	sifir	10	deh	20	bîst
1	yek	11	yazdeh	21	bîst û yek
2	du	12	dozdeh	22	bîst û du
3	sê	13	sêzdeh	23	bîst û sê
4	çar	14	çardeh	24	bîst û çar
5	pênc	15	pazdeh	25	bîst û pênc
6	şeş	16	şazdeh	26	bîst û şeş
7	heft	17	hivdeh	27	bîst û heft
8	heşt	18	hijdeh	28	bîst û heşt
9	neh	19	nozdeh	29	bîst û neh
30	sih	**70**	heftê	**105**	sed û pênc
40	çil	**80**	heştê	**250**	du sed û pêncî
50	pêncî	**90**	not	**1000**	hezar
60	şêst	**100**	sed	**5000**	pênc hezar

2) Write down the numbers.

Hejmaran binivîsin.

67 ______________________________

452 ______________________________

1045 ______________________________

1990 ______________________________

2004 ______________________________

B. Gundê me

Listen and fill in the blanks.

Guh bidinê û cihên vala dagirin.

Navê gundê me Keleh e. Ew ji Nisêbînê _________ û ji Mêrdînê jî _______________ kîlometreyan dûr e. Gundê me li ser girekî ye. Çemê Ava Spî di ber re diherike. Li gorî agahiyan di gund de _____________________ kes dijîn. Li Kelehê dibistan____ heye. Li wê dibistanê ______________________ şagirt dixwînin. Herwiha ________ mamosteyên wê hene. Her sal ____________ turîst ji bo dîtina gundê me tên gerê.

Ava Spî
Mêrdîn
Keleh
Nisêbîn

Hejmara telefona te çi ye? (What is your phone number?)

Nimreya telefona te çi ye? (What is your phone number?)

Hejmara/Nimreya min __________________________ (y)e.

1) Solve the crossword puzzle.

Xaçepirsê bibersivînin.

C. Rojên hefteyê

1) Listen and repeat.

Guh bidinê û dubare bikin.

duşem (monday)	sêşem (tuesday)	çarşem (wednesday)	pêncşem (thursday)	în (friday)	şemî (saturday)	yekşem (sunday)
di **nava hefteyê** de (on weekdays)					di **dawiya hefteyê** de (at the **weekend**)	

Question: Îro(j) çi roj e? (What day is today?)

Answer: Îro çarşem e. (Today is Wednesday.)

2) Learn time of day.

Danên rojê fêr bibin.

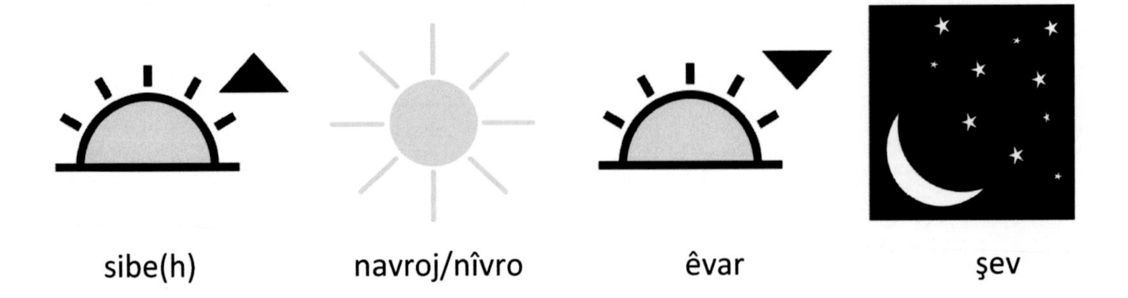

berbang, berî nîvroyê, piştî nîvroyê, berêvar, nîvê şevê, bi şevê, sibehê, êvarê, navrojê...

Ez sibehê zû şiyar dibim. Taştêyê dixwim û diçim dibistanê. Kêfa min gelekî ji navrojê re tê. Êvarê li malê bi birayê xwe re pirtûkekê dixwînim.

3) Find the correct translation.

Wergerên rast bibînin.

1. Duh êvarê	a. Tuesday night
2. Sibe bi şevê	b. Monday evening
3. Nîvê şevê	c. Tomorrow night
4. Şeva sêşemê	ç. Friday morning
5. Êvara duşemê	d. Yesterday evening
6. Sibeha înê	e. Tomorrow afternoon
7. Sibe piştî nîvroyê	ê. Forenoon
8. Berî nîvroyê	f. Midnight

D. Dema niha

Formation of present tense:	preverb (**di**-) + present stem + personal ending preverb (**na**-) + present stem + personal ending		
Verb	çûn ***(to go)***	kirîn ***(to buy)***	xwarin ***(to eat)***
Present stem	**-ç-**	**-kir-**	**-xw-**
Conjugation	Ez di**ç**im. **(I go.)** Tu diçî. Ew diçe. Em diçin. Hûn diçin. Ew diçin. Hûn diçin. *(polite)*	Ez di**kir**im. **(I buy.)** Tu dikirî. Ew dikire. Em dikirin. Hûn dikirin. Ew dikirin. Hûn dikirin. *(polite)*	Ez di**xw**im. **(I eat.)** Tu dixwî. Ew dixwe. Em dixwin. Hûn dixwin. Ew dixwin. Hûn dixwin. *(polite)*
Negation (**na** instead of **di**) na = not	Ez na**ç**im. Tu naçî. Ew naçe. Em naçin. Hûn naçin. Ew naçin. Hûn naçin. *(polite)*	Ez na**kir**im. Tu nakirî. Ew nakire. Em nakirin. Hûn nakirin. Ew nakirin. Hûn nakirin. *(polite)*	Ez na**xw**im. Tu naxwî. Ew naxwe. Em naxwin. Hûn naxwin. Ew naxwin. Hûn naxwin. *(polite)*

Interrogative sentences can be formed with or without "**ma**".

For example: Ma tu diçî? or Tu diçî? **(Do you go?)**

Ma tu naçî? or Tu naçî? **(Do you not go?)**

Present stem	**Form I: rab**	**Form II: ra-b-**	**Form II: Negation**
Conjugation of separable verbs (**rabûn**)	Ez dirabim. Tu dirabî. Ew dirabe. Em dirabin. Hûn dirabin. Ew dirabin.	Ez radibim. Tu radibî. Ew radibe. Em radibin. Hûn radibin. Ew radibin.	Ez ranabim. Tu ranabî. Ew ranabe. Em ranabin. Hûn ranabin. Ew ranabin.

Simple present tense and **Present continuous** are the same in Kurmanji.

The **form II** is the most common form.

1) Fill in the blanks.

Cihên vala li gorî dema niha dagirin.

1. Em xwarinê ________________. (na / xwarin)
2. Ez îro li parka bajêr ________________. (bezîn)
3. Ma tu kengî ________________ malê? (hatin)
4. Ez niha xwarinê ________________. (na / çêkirin)
5. Ew pirtûkeke Jan Dostî ________________. (xwendin)
6. Ez li ber deriyê zanîngehê hevala xwe ________________. (dîtin)
7. Em nanekî ________________. (xwestin)
8. Tu navê min ________________. (nivîsîn)

E. Gera Amedê

1) Conjugate verbs in present tense.

Lêkeran li gorî dema niha bikêşin.

Gera min ji Mêrdînê ____________ (dest pê kirin). Ez li otobûsê ________________ (siwar bûn) û ________________ (çûn) Amedê. Çemê Dîcleyê di nava Amedê re ____________ (herikîn). Li Amedê gelek cihên dîrokî ______________ (hebûn). Hinek ji wan ev _____ (bûn); sûrên Amedê, mizgefta mezin a Amedê, minareya Çarling, xana Hesenpaşayî, dêra Surp Gregosî, pira Dehderî...

Li meydana Şêx Seîdî ez ji otobûsê ________________ (peya bûn). Hewa germ _____ (bûn). Tav kêfa min xweş __________ (kêfa yekî/ê xweş kirin). Sûrên Amedê niha li ber çavên min ____ (bûn). Wey, çi xweşik ____! (bûn)

Gera min li baxçeyên Hewselê __________________ (dewam kirin). Şînahiya van baxçeyan bêhna mirovan _________________ (fireh kirin). Piştre ez _________ (çûn) xana Hesenpaşayî. Ez li vê xanê qehweya kurdî ____________ (vexwarin). Qehweya kurdî ji kizwanan ___________ (çêkirin). Tama wê zehf xweş ________ (bûn). Gera min piştî bêhnvedanê _______________ (dewam kirin). Vê carê ez li dêra Surp Gregosî ______ (bûn). Ev dêr gelekî balkêş _______ (bûn). Piştî dêrê, ez berê xwe ____________ (berê xwe dan) kuçeya hunerê. Li vir gelek çayxane û restorant __________ (hebûn). Ez birçî ________ (bûn). Dilê min ______ (dilê yekî/ê çûn) biraşka şîşê. Xwarina min niha li ser maseyê _________ (bûn). Noşî can be! Ez niha têr ______ (bûn). Ez piştî vê gera xweş ________________ (vegerîn) malê. Heta gereke dî, bi xatirê we!

2) Fill in the blanks.
Valahiyan dagirin.

I.	n _ v _ s _ n	to write	VI.	_ w _ ş _ k	beautiful
II.	s i _ a _ b _ n	to get in	VII.	h _ n b _ n	to learn
III.	x _ a _ i _	to eat	VIII.	v _ x _ a _ i _	to drink
IV.	xw _ s _ i _	to want	IX.	v _ g _ r _ n	to come back
V.	g _ r _ n	to travel	X.	_ ê _ i _ in	to do/make smth

Beşa sêyem

A. Ewropa

Welat	Netewe	Ziman
Almanya	alman	almanî
Belçîka	belçîkî	fransî/flamanî
Bulgaristan	bulgar	bulgarî
Fransa	fransî	fransî
Holenda	holendî	holendî
Îtalya	îtalî	îtalî
Keyaniya Yekbûyî	brîtanî (îngilîz)	îngilîzî
Letonya	leton	letonî

Welat	**Netewe**	**Ziman**
Macaristan	macar	macarî
Norwêc	norwêcî	norwêcî
Polonya	polon	polonî
Romanya	roman	romanî
Rûsya	rûs	rûsî
Slovakya	slovak	slovakî
Spanya	spanî	spanî
Swêd	swêdî	swêdî
Swîsre	swîsrî	swîsrî
Tirkiye	tirk	tirkî

1) Interview your neighbours.
   Ji cîranên xwe bipirsin.

A. Tu ji kîjan welatî yî? (Which country do you come from?)

B. Ez ji ________________ me, û tu?

A. Ez *(jî)* ji ________________ me. Ma tu ____________ (y)î?

B. Na, ez ________________ im/me.

Ez kurd im û tu?

A. Tu ji kîjan bajarî yî? (Which city do you come from?)

B. Ez ji ____________________ me.

A. Tu bi kîjan zimanan dizanî? (Which languages do you speak?)

B. Ez bi ____________________________________ dizanim.

A. Welatê ________________ li Ewropayê ye? (Is the country of ____ in Europe?)

B. Erê, ________________ li Ewropayê ye.

Na, ________________ **ne** li Ewropayê ye.

2) Where are those people from? Ask and answer.

Ew mirov ji kû derê ne? Bipirsin û bibersivînin.

Question: Lionel Messi ji kîjan welatî ye?

Answer: Lionel Messi ji Arjentînê ye.

Answer: Ew ji Arjentînê ye.

Afrîkaya Başûr	**Mahatma Gandî**
Almanya	**Firdewsî**
Brîtanya	**Ehmedê Xanî**
DYA	**Leonardo Da Vinci**
Fransa	**Vincent van Gogh**
Hindistan	**Cristiano Ronaldo**
Holenda	**Nelson Mandela**
Îran	**Yurî Gagarîn**
Îtalya	**Frida Kahlo**
Kurdistan	**William Shakespeare**
Portûgal	**Friedrich Wilhelm Nietsche**
Rûsya	**LeBron James**
Meksîka	**René Descartes**

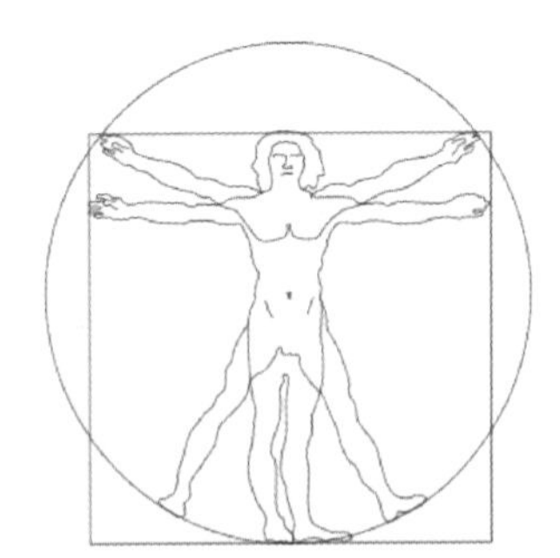

3) Solve the crossword puzzle.

Xaçepirsê bibersivînin.

1. Germany
2. Belgium
3. Russia
4. Netherlands
5. France
6. Sweden
7. Bulgaria
8. Poland
9. Britain
10. China

4) Fill in the blanks.

Valahiyan dagirin.

I.	A _ m _ n _ a	Germany	VI.	H _ l _ n _ a	Netherlands
II.	F _ a _ s _	France	VII.	_ t _ l _ a	Italy
III.	P _ l _ n _ a	Poland	VIII.	N _ r _ ê _	Norway
IV.	B _ î _ a _ y _	Britain	IX.	B _ lç _ k _	Belgium
V.	S _ a _ y _	Spain	X.	Sw _ s _ e	Switzerland

B. Cînavkên pirsê

Çawa?	How?
Çend?	How many?
Çiqas?	How much?
Çi?	What?
Çima?	Why?
Ji kû (derê)?	From where?
Li kû (derê)?	Where?
Kî?	Who?
Kê?	Who(m)?
Kengî?	When?
Kîjan?	Which?

1) Form the sentences.

Hevokan ava bikin.

1. salî – yî – çend – tu? ____________________
   (How old are you?)
2. ew – ji kû derê – ye? ____________________
   (Where is he from?)
3. hevalê te – kî – ye? ____________________
   (Who is your friend?)
4. kengî – rojbûna te – ye? ____________________
   (When is your birthday?)
5. kîjan – pirtûka te – ye? ____________________
   (Which book is yours?)
6. çi – ye – navê te? ____________________
   (What is your name?)

7. li kû – mala te – ye? ______________________
   (Where is your home?)
8. kê – tu – nas dikî? ______________________
   (Who do you know?)
9. diçî – malê – çima – tu? ______________________
   (Why do/are you go/ing home?)
10. çawa – ye – ew? ______________________
   (How is he/she/it?)

C. Meh û demsal

Meh		Îngilîzî	Demsal
meha yekê	**çile**	january	zivistan *(winter)*
meha duyan	**sibat**	february	
meha sêyan	**adar**	march	bihar *(spring)*
meha çaran	**nîsan**	april	
meha pêncan	**gulan**	may	
meha şeşan	**hezîran**	june	havîn *(summer)*
meha heftan	**tîrmeh**	july	
meha heştan	**tebax**	august	
meha nehan	**îlon**	september	payîz *(autumn)*
meha dehan	**cotmeh**	october	
meha yazdehan	**mijdar**	november	
meha dozdehan	**berfanbar**	december	zivistan *(winter)*

Di meha adarê de kurd cejna Newrozê pîroz dikin. Ew destpêka biharê ye. Havîna Kurdistanê pir germ e. Loma li hinek bajaran kurd li ser banan radizin. Di payîzê de baran ji welatê me kêm nabe. Zivistan jî demsaleke dijwar e.

1) Write down the seasons.

Werzên salê binivîsin.

Question: Ew kîjan demsal e? (Which season is it?)

______________ ______________ ______________ ______________

2) Ask your neighbours.

Ji cîranên xwe bipirsin.

di **adarê** de = in **March**

1. **Adar meha kîjan demsalê ye?** (Which season does March belong to?)

   Adar meha biharê ye.

2. **Rojbûna te di kîjan mehê de ye?** (In which month is your birthday?)

   ____

3. **Havîn bi kîjan mehê dest pê dike?** (With which month does summer begin?)

   ____

4. **Em niha di kîjan mehê de ne?** (Which month are we currently in?)

   ____

5. **Ma tebax meha biharê ye?** (Does August belong to spring?)

   ____

6. **Navê meha berî gulanê çi ye?** (What is the name of the month before May?)

   ____

7. **Navê meha piştî îlonê çi ye?** (What is the name of the month following September?)

____

8. **Mehên payîzê kîjan in?** (Which are the months that belong to the autumn?)

____

9. **Navê meha dehan çi ye?** (What is the name of the 10th month?)

____

10. **Ma tîrmeh meha havînê ye?** (Does July belong to the summer?)

____

3) Solve the crossword puzzle.

Xaçepirsê bibersivînin.

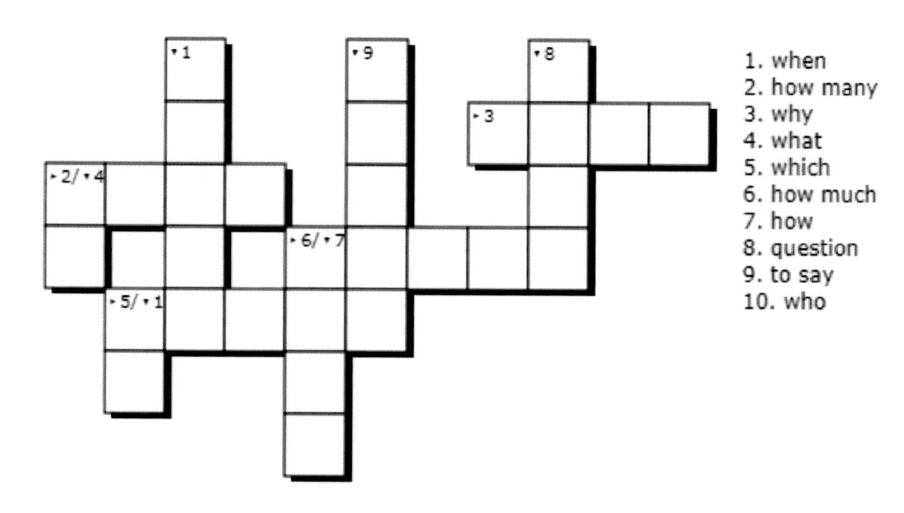

4) Fill in the blanks.

Valahiyan dagirin.

I.	t _ b _ x	August	V.	z _ v _ st _ n	winter
II.	K _ n _ î?	When?	VI.	h _ v _ n	summer
III.	K _ j _ n ?	Which?	VII.	g _ t _ n	to say
IV.	g _ l _ n	May	VIII.	p _ r _	question

D. Tu çi karî dikî?

1) Write the suitable profession under the picture.

Navên pîşeyan li bin wêneyan binivîsin.

endazyar, hemşîre, cotkar, dixtor, garson, nanpêj, mamoste, polîs

1 ____________ 2 ____________ 3 ____________ 4 ____________

5 ____________ 6 ____________ 7 ____________ 8 ____________

2) Listen and fill in the blanks with the following verbs.

Guh bidinê û valahiyan bi lêkerên jêr dagirin.

bûn x2, **mijûl bûn, nivîsîn, agahdar kirin, dan, derman kirin**

Navê min Berfîn __________. Ez li nexweşxaneyê hemşîre __________. Ez her roj bi nexweşan re ____________________. Ez dermên __________________ nexweşan û birînên wan ____________________. Ez raporan ______________ û dixtoran li ser rewşa nexweşan ______________________.

3) Find the correct translation.

Wergera rast bibînin.

1. Zanista çandê
2. Endazyariya makîneyê
3. Aborînasî
4. Zanistên civakî
5. Civaknasî /sosyolojî
6. Zanista perwerdehiyê
7. Psîkolojî
8. Avahîsazî
9. Zimannasî
10. Matematîk
11. Fizîk
12. Endazyariya avakariyê
13. Biyolojî
14. Kîmya
15. Hînkarî
16. Dîrok

a. Social sciences
b. Sociology
c. Psychology
ç. Linguistics
d. Mechanical engineering
e. Mathematics
ê. Architecture
f. Physics
g. Civil engineering
h. Pedagogics
î. Economics
j. Cultural studies
k. Teaching post
l. Biology
m. History
n. Chemistry

---

4) Discuss with your neighbours.

Bi cîranên xwe re gotûbêj bikin.

Pirs: Tu çi karî dikî? (What is your profession?) Tu çi dixwînî? (What do you study?)

Bersiv: Ez dixtor im, û tu? Ez dixtortiyê dixwînim.

Ez ________________ im/me.

E. Zayenda navdêrê

In Kurmanji nouns have two grammatical genders: *feminine* and *masculine.*

Declension of nouns			
Cases	**Feminine**	**Masculine**	**Plural**
nominative			
definite	no ending	no ending	no ending
indefinite	-(y)**ek**	-(y)**ek**	-(n)**in** *or* **hin** ...
example	Keçik rûdine. **(Girl is sitting)** Keçik**ek** rûdine. **(A girl sits)**	Kurik rûdine. **(Boy is sitting.)** Kurik**ek** rûdine. **(A boy sits)**	Kurik rûdinin. **(Boys are sitting.)** Kurik**in/Hin** kurik rûdinin.**(Some boys sit)**
object case			
definite	-(y)**ê**	-(y)**î**	-(y)**an**
indefinite	-(y)**ekê**	-(y)**ekî**	-**inan** *or* **hin** ...-**an**
possessive case	Keça Delal**ê** **(Delal's daughter)**	Kurê Rêzan**î** **(Rêzan's son)**	Bavê keç**an** **(Father of girls)**
accusative case	Ez keç**ekê** dibînim. **(I see a girl.)**	Ez kur**ekî** dibînim. **(I see a boy.)**	Ez keç**inan** dibînim. **(I see some girls.)**
with preposition	Ez ji London**ê** me. **(I am from London.)**	di xaniy**ekî** de **(In a house)**	Tu li pişt dar**an** î. **(You are behind trees)**
ezafe (construct case)			
definite	-(y)**a**	-(y)**ê**	-(y)**ên**
indefinite	-(y)**eke**	-(y)**ekî**	-**ine** *or* **hin** ...-**ên**
example	Keç**a** min **(My daughter)** Keç**eke** min heye. **(I have a daughter.)**	Kur**ê** min **(My son)** Kur**ekî** min heye. **(I have a son.)**	Kur**ên** min **(My sons)** Kur**ine** min hene. **(I have some sons.)**

Cases	Feminine	Masculine	Plural
vocative			
definite	-(y)**ê**	-(y)**o**	-**ino**
	Keç**ê**! **(Girl!)**	Kur**o**! **(Boy!)**	Keç**ino**! **(Girls!)**
example	Delal**ê**! **(Delal!)**	Rêzan**o**! **(Rêzan!)**	Kur**ino**! **(Boys!)**

When addressing someone/something, their name receives an ending according to the gender. In plural form there is only one ending.

1) Fill in the blanks with the endings of nouns.
   Zayendên navdêran binivîsin.

1. Ez şekal______ dikim piyê xwe. *(object case – feminine – indefinite)*
2. Ez bi heval______ xwe re têm. *(ezafe – feminine – definite)*
3. Delal dotmam______ min e. *(ezafe – feminine – definite)*
4. Heval_____! *(Plural)* Kî pirtûk_____ dixwaze? *(object case – pl. – indefinite)*
5. Tu ders______ xwe çêdikî. *(ezafe – feminine – indefinite)*
6. Hogir_____! *(maskulin)* Ma tu îro diçî sînema_____? *(OBJ. – fem. – definite)*
7. Em li ber deriyê mal______ ne. *(OBJ. – feminine – indefinite)*
8. Ma tu li cih______ din î? *(ezafe – masculine – indefinite)*
9. Em Hogir______ nabînin. *(OBJ. – masculine – indefinite)*
10. Dar____ *(NOM. – pl. – indef.)* di hewş____ *(ezafe – fem. – indef.)* me de ne.
11. Gund______ me nêzîkî hev in. *(ezafe – plural – definite)*
12. Ez ji du sal______ ve *(OBJ. – plural – definite)* li benda te me.
13. Xwendekar______ li cem me ne. *(NOM. – plural – indefinite)*
14. Ez li heywan______ dinêrim. *(OBJ. – plural – definite)*
15. Ez bira______ te nas dikim. *(ezafe – masculine – definite)*
16. Ez li bajar______ te me. *(ezafe – masculine – definite)*

Beşa çarem

A. Saet çend e?

Pirs: Saet çend e? (What time is it?)

Bersiv: Saet pênc e. (It's five o'clock.)

Pirs: Saet çi ye? (What time is it?)

Bersiv: Saet deh û nîv e. (It's half past ten.)

Pirs: Saet çi ye? Saet çend e?

Bersiv: Saet deh û çaryek e.

1) Write down the time.

Wextên saetan binivîsin.

____________ ____________ ____________ ____________

2) Learn the time with time of day.

Demê bi danên rojê fêr bibin.

Saet pêncên sibehê ye.

(It's five a.m.)

Saet duyên nîvroyê ye.

(It's two o'clock at noon)

Saet deh û nîvên şevê ye.

(It's half past ten p.m.)

3) Ji cîranên xwe bipirsin.

Pirs: Tu li saet çendan diçî malê?

Bersiv: Ez li saet pêncan diçim malê.

Pirs: Tu di saet çendan de diçî zanîngehê?

Bersiv: Ez di saet heftên sibehê de diçim zanîngehê.

Pirs: Tu li saet çendan şiyar dibî?

Bersiv: Ez li saet pêncên sibehê şiyar dibim.

4) Hevokan ava bikin.

1. saet – dehên – ye. – sibehê. *(It is ten in the morning.)*

    ____

2. çaryekê – kêm – êvarê – heft – saet – ye. *(It is quarter to seven in the evening.)*

    ____

3. ez – saet – şeşên – li – êvarê – li malê – me.

    ____

4. tê – malê. – li – ew – saet – dozdehên – nîvroyê

    ____

5. tu – ma – li - û nîvan – sê – li wir – î? *(Are you there at half past three?)*

    ____

6. li saet – şeşên – radibe. – sibehê – ew *(He gets up at six in the morning.)*

    ____

7. diçin – îro – em – bezê. – li – heftan – saet

    ____

8. li – ew – saet – heştan – li malê – ne.

    ____

9. derseke – heye. – min – li saet - dehan

    ____

10. saet – li – dehên – li cem – ez – te – sibehê – me.

    ____

B. Cînavkên nîşandanê

Demonstrative pronouns:	this/these	that/those	gender
Subject case	ev	ew	masc. / fem. / pl.
Object case	vî	wî	masculine
	vê	wê	feminine
	van	wan	plural

Ev hesp e.

(near)

Ew hesp e.

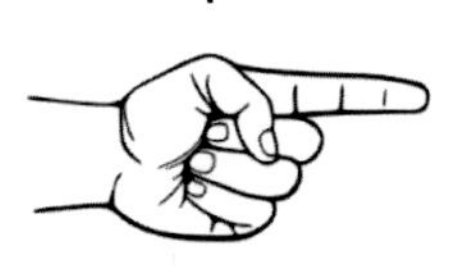

(far)

Ez **van** pirtûkan dixwazim.

(nêzîk)

Ez **wan** pirtûkan dixwazim.

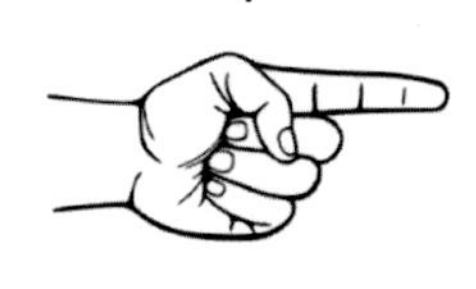

(dûr)

Ev sê çîçik in.

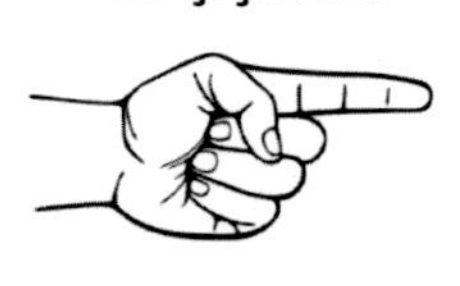

(nêzîk)

Ew sê çîçik in.

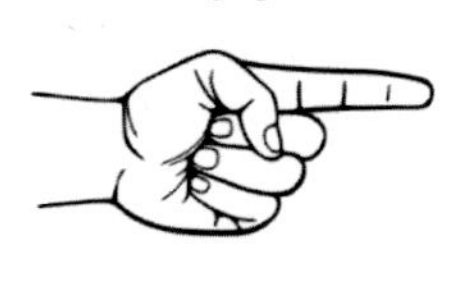

(dûr)

1) Cihên vala bi cînavkên nîşandanê dagirin.

1. Ez ________________ xaniyî dibînim. *(nêzîk)*
2. Tu li ________________ mirovan dinêrî. *(dûr)*
3. Ez ________________ pirtûkê dikirim. *(nêzîk)*
4. Ji kerema xwe ________________ telefonê bide min! *(dûr)*
5. ________________ ne zilamek e. *(dûr)*
6. ________________ pîrekek e. *(nêzîk)*
7. Ez ________________ xwendekaran nas dikim. *(dûr)*
8. Ji kerema xwe ___________ *(nêzîk)* pirtûkê bide ____________ keçikê. *(dûr)*
9. _______________ *(dûr)* zarokan bibin cem _______________ dixtorî. *(dûr)*
10. ________________ heval ji min re dibêjin. *(nêzîk)*

2) Bi cîranên xwe re gotûbêj bikin.

Pirs: Ev / Ew çi ye?

Bersiv: Ev derî ye.

Na, ev ne derî ye.

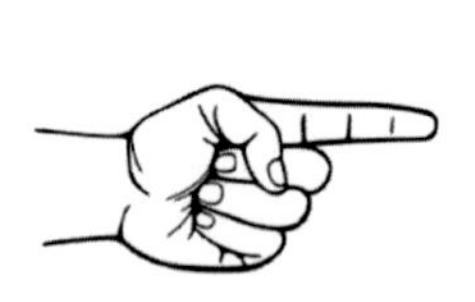

3) Valahiyan dagirin.

I.	h _ s _	horse	VI.	z _ n _ ng _ h	university
II.	x _ e _ d _ k _ r	student	VII.	n _ v _ o	midday
III.	s _ e _	hour	VIII.	z _ r _ k	child
IV.	n _ z _ k	near	IX.	z _ l _ m	man
V.	h _ v _ l	friend	X.	s _ b _ h	morning

4) Navên wan binivîsin.

telefon (m), defter (m), cetwel (n), komputer (m), kursî (n), mase (m), berçavk (m), ferheng (m), lempeya maseyê (m), mişk (n), qelem (m), pêjimêrk (m), meqes (n), çenteyê piştê (n), refê pirtûkan (n)

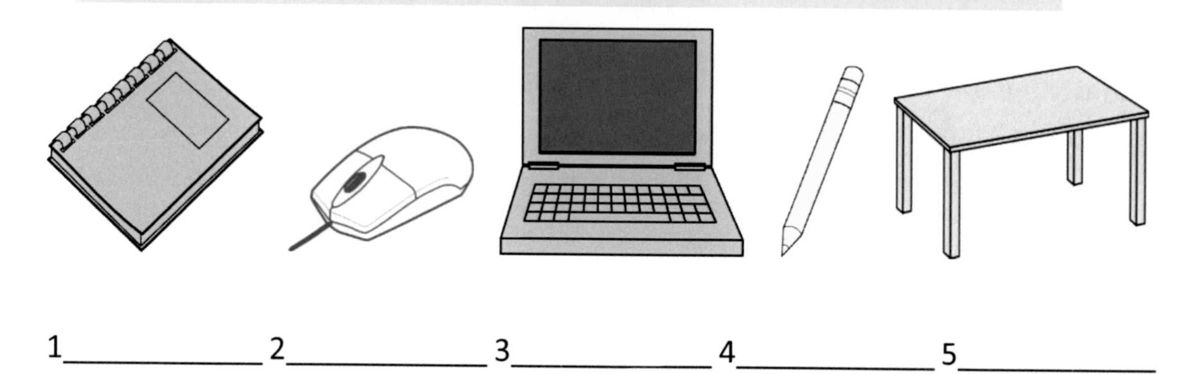

1____________ 2____________ 3____________ 4____________ 5____________

6____________ 7____________ 8____________ 9____________ 10____________

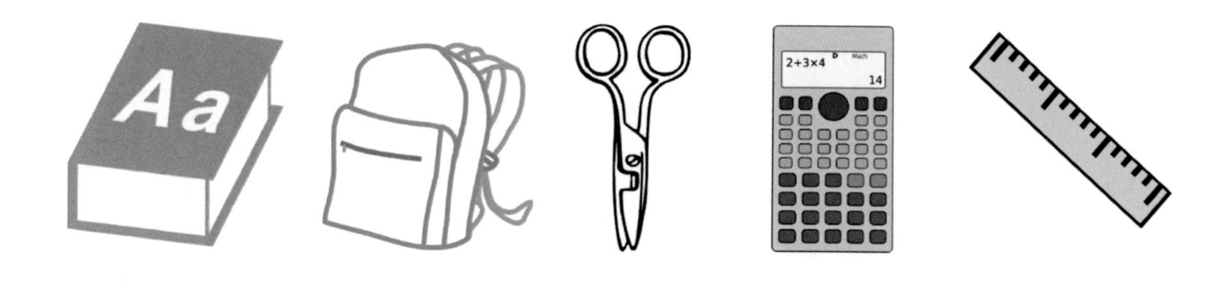

11____________ 12____________ 13____________ 14____________ 15____________

C. Hebûn / Nînbûn

hebûn: **to have** **there is/are**	**nînbûn:** **not to have** **there is/are not**
heye *(yekjimar)* • Deftera min heye. • Li wir defterek heye.	**nîne** *(yekjimar)* • Deftera min nîne. • Li wir defterek nîne.
hene *(pirjimar)* • Qelemên min hene. ***(I have pens.)*** • Li wir qelem hene. ***(There are pens over there.)***	**nînin** *(pirjimar)* • Qelemên min nînin. ***(I don't have pens.)*** • Li wir qelem nînin. ***(There aren't pens over there.)***

1) Valahiyan dagirin.

1. Deftereke min ______________ (hebûn).
2. Du qelemên min ______________ (hebûn).
3. Ferhenga wî ______________ (nînbûn).
4. Kursiyên wan ______________ (nînbûn).
5. Li ser maseyê pirtûkek ______________ (hebûn).
6. Di çente de sê qelem ______________ (nînbûn).
7. Li malê lempe ______________ (nînbûn).
8. Li cem min deh hesp ______________ (hebûn).

2) Ji cîranên xwe bipirsin.

Pirs: Qelema te heye? (Do you have a pen?)

Bersiv: Erê. / Na.

Pirs: Hevalên te hene? (Do you have friends?)

Bersiv: Erê, sê hevalên min hene.

Na, hevalên min nînin.

3) Xaçepirsê dagirin.

D. Fermanî

Formation	Verb	Imperative
bi + present stem + **e** (2nd person, singular)	**dan (to give)**	bide! **(give!)** - **ne**de! **(don't give!)**
	kirîn (to buy)	bikire! **(buy!)** - **ne**kire! **(don't buy!)**
bi + present stem + **in** (2nd person, plural)	**dan**	bidin! - **ne**din!
	kirîn	bikirin! - **ne**kirin!

1) Forma fermanî binivîsin.

1. **xwarin** (2nd person – singular) ________________
2. **guh dan** (2nd person – plural) ________________
3. **avêtin** (2nd person – singular) ________________
4. **hatin** (2nd person – plural) ________________
5. **xwendin** (2nd person – plural) ________________
6. **çêkirin** (2nd person – singular) ________________
7. **dîtin** (2nd person – singular) ________________

E. Rênîşandan

Bakur
Rojava
Rojhilat
Başûr

Pirs: Rojbaş! Gelo zanîngeh li kû ye?

Pirs: Hûn dizanin otela spî li kû ye?
(Do you know where the hotel spî is?)

Pirs: Hûn dizanin dêra mezin li kû ye?

Pirs: Tu dikarî ji kerema xwe riyê ji min re tarîf bikî?

Bersiv: Bibore. Ez jî nizanim. (Sorry. I don't know either.)

Bersiv: Erê. Ji vir ne gelekî dûr e. (Yes. It is not too far from here.)

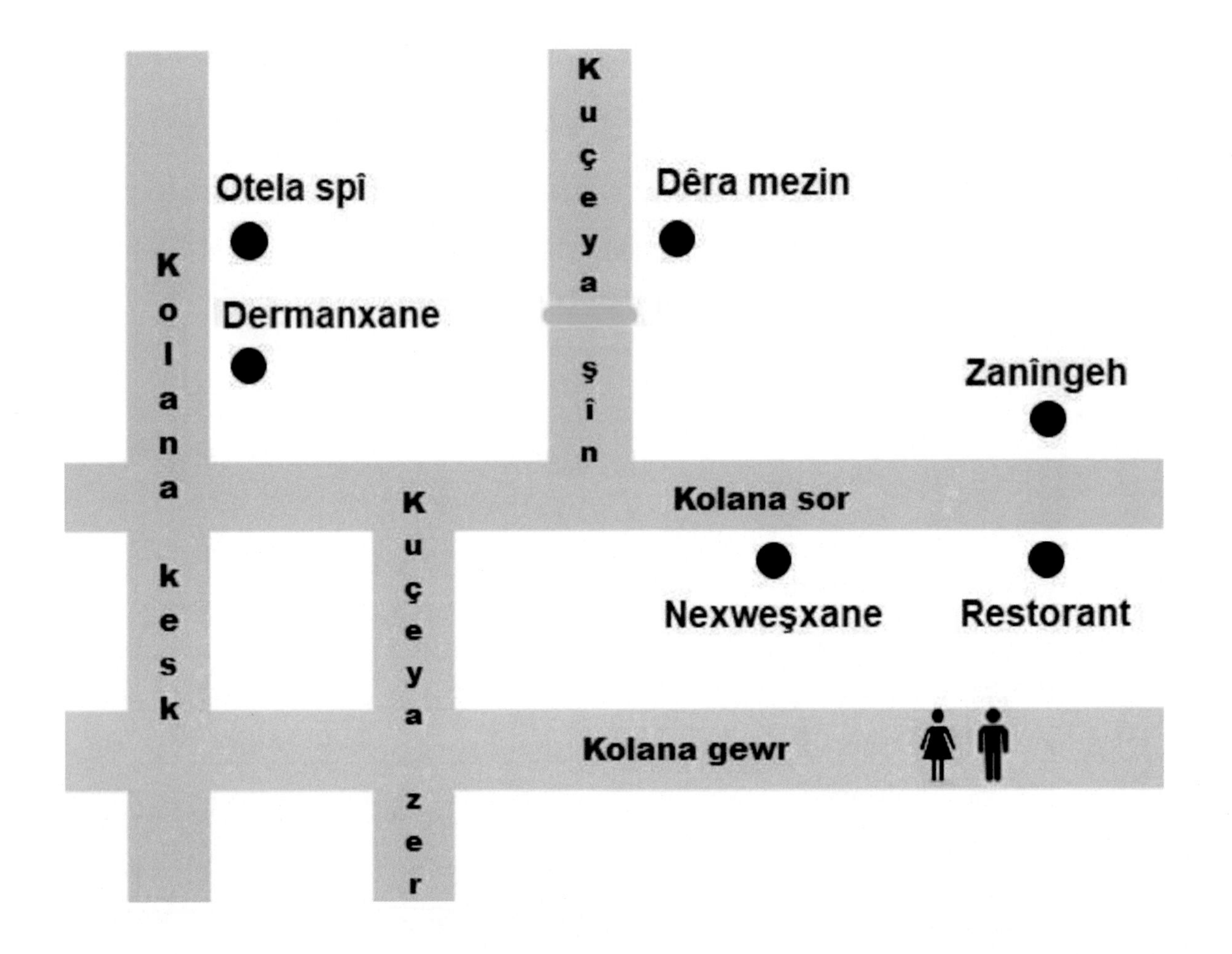

Zanîngeh: Ji vir (**kolana gewr**) rasterast here heta tu bigihî kuçeya zer!

Li wir berê xwe bide aliyê rastê! Heta dawiya kuçeya zer biçe!

Ji wir jî bi aliyê rastê ve here! Li ser aliyê çepê kuçeya şîn heye.

Ji wê kuçeyê derbas bibe1 Li aliyê rastê nexweşxaneyek tê pêşiya te.

Ji wê 100 metreyan wê de restorantek heye.

Zanîngeh li hemberê restorantê ye.

ji vir = from here

1) Guh bidinê û cihên vala dagirin.

Otela spî: Ji vir ____________ here heta kolana kesk! Berê xwe bide aliyê ____________ û di kolana kesk re bimeşe! Kolana sor ____________ bike! Li aliyê ____________ dermanxaneyek heye. Otel li ____________ wê dermanxaneyê ye.

Dêra mezin: ____________ vir ____________ kuçeya zer here! Piştre bi aliyê ____________ ve dewam bike heta kolana sor! Biçe aliyê din ê kolanê! Ji wî aliyî ve ____________! Li ser aliyê ____________ kuçeya şîn heye. Bikeve wê kuçeyê! Di rê de pirek tê ____________ te. Di ____________ pirê re here! Piştî pênc deqeyên bi meşê, tu digihî dêra mezin.

Dema ku ez ji dibistanê derdikevim, kolanek tê hemberê min. Ez pêşî li aliyên çepê û rastê dinêrim û piştre diçim aliyê din. Piştî wê kolanê ez berê xwe didim aliyê rastê û rasterast diçim malê.

2) Ji nuqteya **A**yê rêya nuqteya **B**yê tarîf bikin.

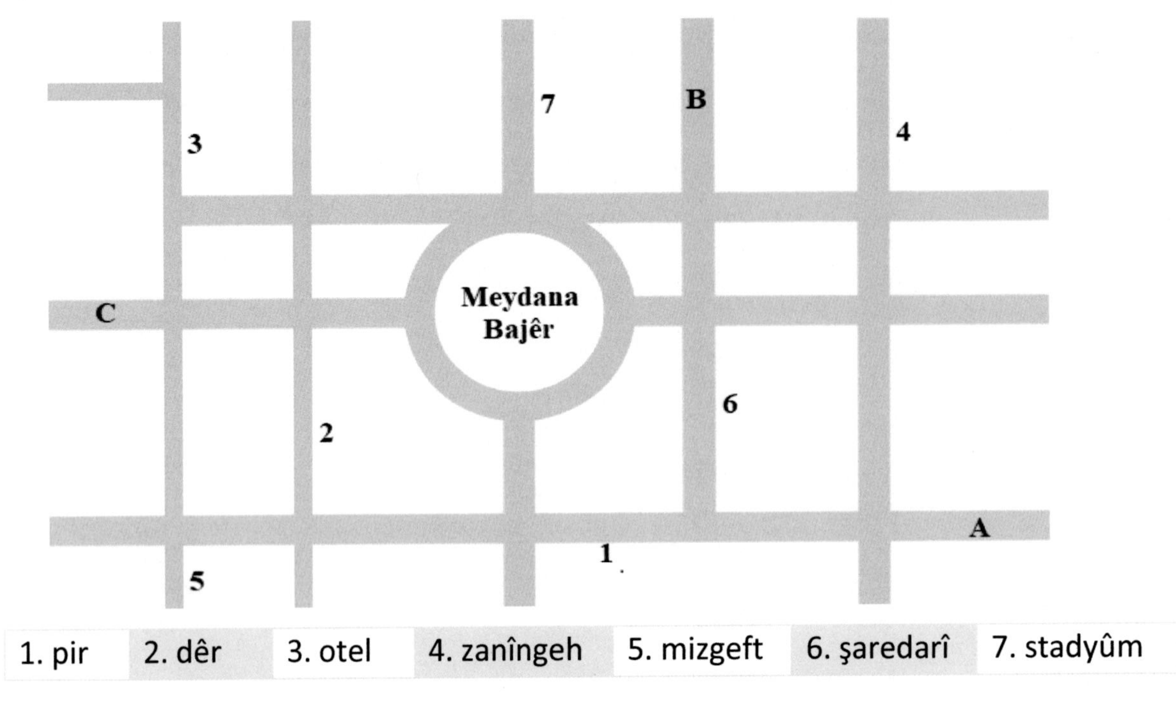

1. pir	2. dêr	3. otel	4. zanîngeh	5. mizgeft	6. şaredarî	7. stadyûm

Pirs: Biborin, ez çawa dikarim ji vir (A) biçim zanîngehê?

Pirs: Merheba, tu dikarî ji kerema xwe rêya mizgeftê tarîf bikî?

Pirs: Bibore, zanîngeh ji vir (B) dûr e?

Bersiv: Na, mixabin ez nizanim.

Bersiv: Erê, ji vir ne gelekî dûr e.

3) Gotin û hevokên pêwîst ên ji bo tarîfkirina navnîşanê hîn bibe.

Rast/Çep here! (turn right/left!)
Rasterast/dîrek here! (go straight!)
Ji _________ derbas bibe! (pass __!)
Berê xwe bide _________! (turn to __!)
Di ser _________ re here! (go over __!)
_________ bimeşe! (walk __!)
Bikeve _________! (go in __!)
Ji vir heta _________ here! (go from here till __!)

Rast
Çep

4) Xaçepirsê bibersivînin.

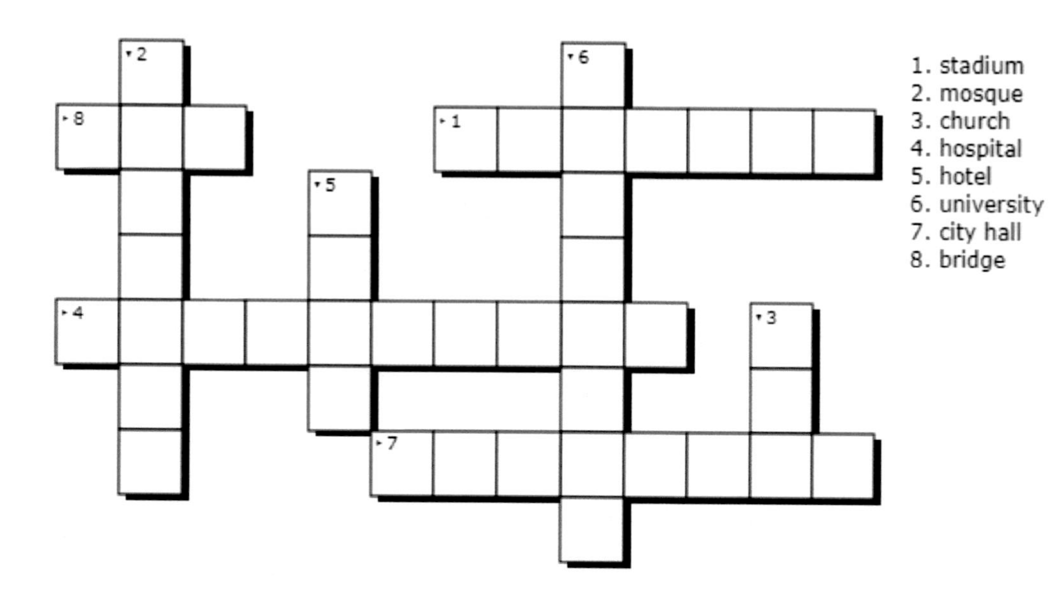

5) Valahiyan dagirin.

I.	m _ z g_ f _	mosque
II.	n _ xw _ ş _ a _ e	hospital
III.	ş a r _ d _ r _	town hall
IV.	de _ m _ n _ a _ e	drugstore
V.	t _ r _ f k _ r _ n	describe
VI.	z _ n _ n	to know
VII.	d _ rb _ s _ ir_n	to pass
VIII.	r _ s _	right
IX.	xw _ n _ i _	to read
X.	f _ r _ e _ g	dictionary

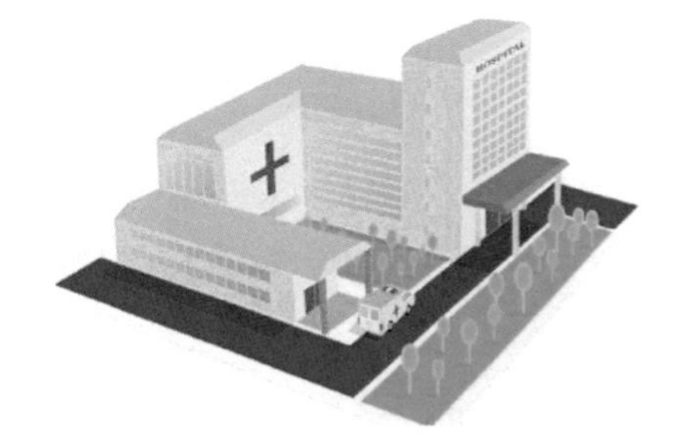

Beşa pêncem

A. Rojeke min

1) Guh bidinê û hevokan bikin rêzekê. Piştre hevok û wêneyan li hev bînin.

- (1) Ez li saet heftan şiyar dibim.
- ( ) Ez li saet dozdehên şevê radizim.
- ( ) Pêşî ez dest û rûyê xwe dişom.
- ( ) Ez di saet heşt û çaryekê de li trênê siwar dibim.
- ( ) Piştî taştêyê diranên xwe firçe dikim.
- ( ) Ez di saet heştan de ji malê derdikevim.
- ( ) Piştre ez cilên xwe li xwe dikim.
- ( ) Ez piştî zanîngehê dersa xwe çêdikim.
- ( ) Ez li saet şeşên êvarê serê xwe dişom.
- ( ) Ez bi şevê darî televîzyonê dikim.
- ( ) Ez li saet heft û nîvan taştêyê dixwim.
- ( ) Ez ji saet heşt û nîvan heta çarên nîvroyê li zanîngehê me.

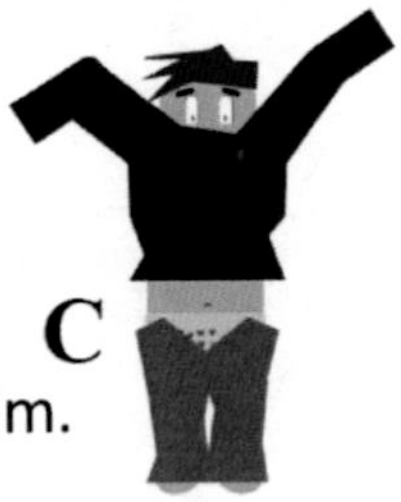

C 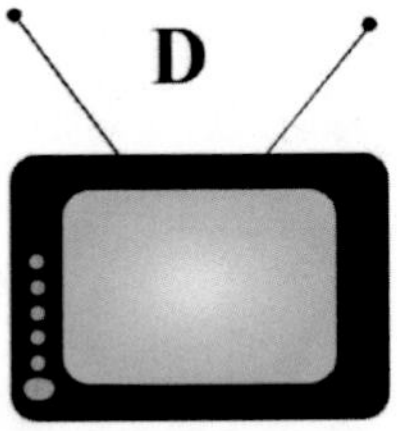 D  A  L  N  F  G 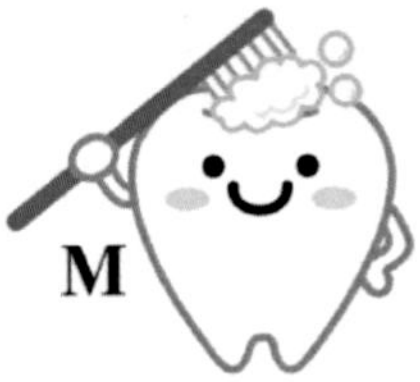 M 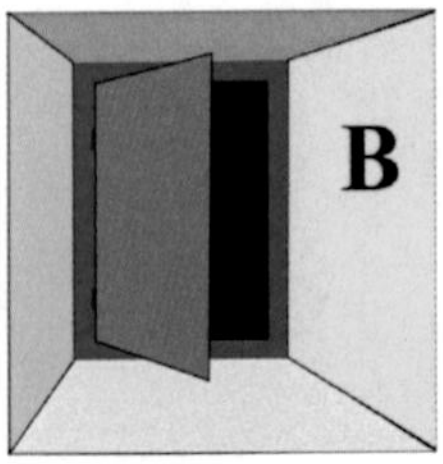 B  Î  E  H

2) Bi hokerên di qutiyê de rojeke xwe rave bikin.

pêşî, piştre, ji ... heta ..., di dawiyê de, sibehê, êvarê, piştî ..., bi şevê

B. Lêkerên alîkar

Modal verbs	Conjugation	Negation
karîn ***(can)***	Ez dikarim **(I can)** Tu dikarî Ew dikare Em dikarin Hûn dikarin Ew dikarin Hûn dikarin *(polite)*	Ez **ni**karim Tu nikarî Ew nikare Em nikarin Hûn nikarin Ew nikarin Hûn nikarin *(polite)*
divêtî ***(should, must)*** same for each person	Divê ez **(I must/should)** Divê tu Divê ew Divê em Divê hûn Divê ew Divê hûn *(polite)*	**ne** + Verb stem of main Verb + Personal ending
xwestin ***(want)***	Ez dixwazim **(I want)** Tu dixwazî Ew dixwaze Em dixwazin Hûn dixwazin Ew dixwazin Hûn dixwazin *(polite)*	Ez **na**xwazim Tu naxwazî Ew naxwaze Em naxwazin Hûn naxwazin Ew naxwazin Hûn naxwazin *(polite)*

Conjunctive form	Example: xwarin
with modal verbs: ***bi*** *+* *present stem* *+* *personal ending*	Ez dixwazim /dikarim ***bi****xwim.* **(I want to / can eat.)** Tu dixwazî / dikarî ***bi****xwî.* Ew dixwaze / dikare ***bi****xwe.* Em dixwazin / dikarin ***bi****xwin.* Hûn dixwazin / dikarin ***bi****xwin.* Ew dixwazin / dikarin ***bi****xwin.* Hûn dixwazin / dikarin **bi**xwin. *(polite)*

Mînak: Ez *dikarim* bi te re **bi**çim. (I can go with you.)
Ez *dixwazim* bi te re **bi**çim. (I want to go with you.)
Divê ez bi te re **bi**çim. (I must/should go with you.)
Divê ez bi te re **ne**çim. (I must/should not go with you.)

1) Cihên vala dagirin.

1) Em __________ (xwestin) li malê __________ (man).
2) Ew __________ (karîn) dîsa __________ (bezîn).
3) __________ (divêtî) tu __________ (çûn) zanîngehê.
4) Ma tu kengî __________ (karîn) dîsa __________ (xebitîn)?
5) __________ (divêtî) em li saet çendan li wir __________ (bûn)?
6) Gelo tu __________ (karîn) navê min jî __________ (nivîsîn)?
7) Hûn __________ (xwestin) kîjan malê __________ (kirîn)?
8) ________ (divêtî) tu xwe ji bo kîjan ezmûnê __________ (qeyd kirin)?
9) Ez ________ (na/xwestin) li zanîngeha Dortmundê ________(xwendin)
10) __________ (divêtî) ez __________ (firîn) bajarê Dihokê.
11) Ez __________ (ni/karîn) __________ (çûn) malê.
12) __________ (divêtî) em dereng __________ (ne/man).

C. E-Name

1) Bring the E-Mail sentences in a correct order.

E-nameyê bikin rêza rast de.

Şandêr:	pelsin.zaxoyi@auk.edu.krd
Wergir:	rojbin.kobani@soas.ac.uk
Dem:	10:15-24ê gulanê, 2018
Mijar:	Vexwendina Zaxoyê

a. Rojbîna delal, (Dear Rojbîn)
b. Ez gelekî bêriya te dikim. (I miss you so much.)
c. Xwendina te çawa diçe? (How are your studies going?)
d. Ji mêj ve deng ji te nayê. Tu çawa yî? Çi dikî? (Long time no hear. How are you? What are you doing?)
e. Silavên germ, (warm greetings)
f. Tu kengî dixwazî serekî li me bidî? Çavên me li rêya te ne. (When do you want to visit us? We are looking forward to see you.)
g. Guhdarê xwe be û ji min re binivîse! (Take care of yourself and write me!)
h. Pelşîn

2) Hûn bi xwe e-nameyekê ji bo vexwendinê binivîsin.

Şandêr:
Wergir:
Dem:
Mijar:

D. Cînavka vegerok

- The reflexive pronoun

xwe	my/you/him/her/it(**self**) – our/your/them(**selves**)

"**xwe**" applies to personal pronouns and both genders. It replaces the pronouns in a sentence, if it refers to the subject of the sentence:

Ez ***xwe*** dizîvirînim.	I turn ***myself***.
Tu ***xwe*** dizîvirînî.	You turn ***yourself***.
Ew ***xwe*** dizîvirîne.	He/She/It turns ***him/her/itself***.
Em ***xwe*** dizîvirînin.	We turn ***ourselves***.
Hûn ***xwe*** dizîvirînin.	You turn ***yourselves***.
Ew ***xwe*** dizîvirînin.	They turn ***themselves***.
Hûn ***xwe*** dizîvirînin. *(polite)*	You turn ***yourselves***.

"**xwe**" replaces also the possessive pronouns.

Tu li mala min î.	You are at my house.
If the owner is identical to the subject:	
Ez li mala ***xwe*** me.	I am in ***my own*** house.
Tu li mala ***xwe*** yî.	You are in ***your own*** house.
Em li mala ***xwe*** ne.	We are in ***our own*** house.

1) Fill in the blanks with the reflexive or possessive pronouns.

   Cihên vala bi cînavka vegerok an bi ya kesane dagirin.

   1. Hevalek ____________________ dilezîne. *(Kesê/a 3. – yekjimar)*
   2. Ez hevalê ____________________ im. *(Kesê/a 3. – pirjimar)*

3. Em ji __________________ hez dikin. (*Kesê/a 1. – pirjimar)*
4. Tu __________________ fêhm nakî. (*Kesê/a 1. – yekjimar)*
5. Tu __________________ dibînî. (*Kesê/a 2. – yekjimar)*
6. Em birayên __________________ nas dikin. (*Kesê/a 2. – pirjimar)*
7. Gelo tu __________________ dibînî? (*Kesê/a 3. – yekjimar)*
8. Tu li zanîngeha __________________ yî. (*Kesê/a 2. – yekjimar)*
9. Ew li mala __________________ ye. (*Kesê/a 3. – yekjimar)*
10. Delal bavê __________________ nas nake. (*Kesê/a 3. – yekjimar)*
11. Ew mamosteyê __________________ dibîne. (*Kesê/a 3. – yekjimar)*
12. Bahoz birayê __________________ ye. (*Kesê/a 2. – yekjimar)*
13. Ez diçim zanîngeha __________________. (*Kesê/a 3. – yekjimar)*
14. Ez erebeya __________________ diajom. (*Kesê/a 1. – pirjimar)*
15. Ew li hespê __________________ siwar dibe. (*Kesê/a 1. – yekjimar)*

2) Valahiyan dagirin.

I.	z _ v _ r _ n	to turn	VII.	f _ r _ n	to fly
II.	n _ m _	letter	VIII.	ş _ şt _ n	to wash
III.	v _ xw _ n _ i _	to invite	IX.	r _ z _ n	to sleep
IV.	n _ s _ i _ in	to know	X.	d _ rk _ t _ n	to go out
V.	d _ t _ n	to see	XI.	h _ v _ k	sentence
VI.	s _ l _ v	greeting	XII.	f _ h _ k _ r _ n	understand

E. Malbat

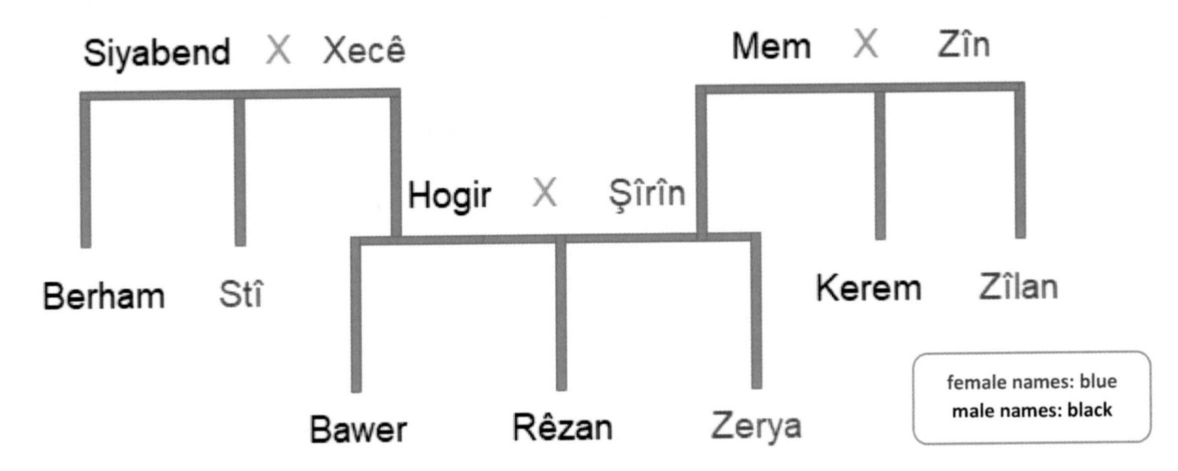

1) Cihên vala dagirin.

dê, bav, xal, xaltî, met, mam, jin, mêr, pîrik (dapîr), kalik (bapîr), bira, xweh, kur, keç

1. Siyabend *kalikê* Bawêr e. (**Bawer** + î → Bawer**î** → Baw**ê**r)
2. Zîlan ________________ Bawêr e.
3. Hogir ________________ Bawêr e.
4. Stî ________________ Bawêr e.
5. Şîrîn ________________ Bawêr e.
6. Rêzan ________________ Bawêr e.
7. Berham ________________ Bawêr e.
8. Zerya ________________ Bawêr e.
9. Kerem ________________ Bawêr e.
10. Zîn ________________ Bawêr e.
11. Bawer ________________ Hogirî ye.

2) Dara binemala xwe çêbikin û ji cîranên xwe re behsa wê bikin.

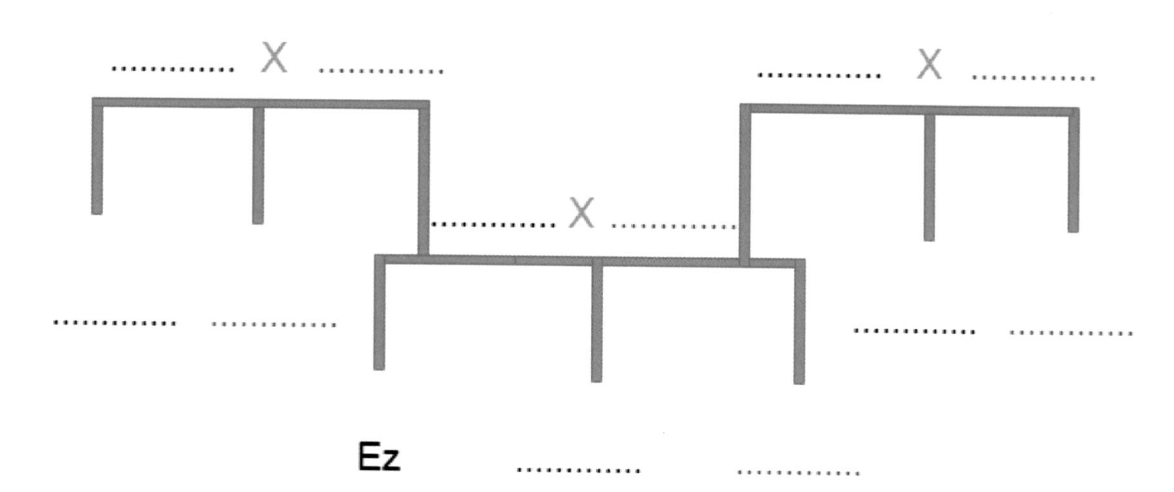

3) Xaçepirsê bibersivînin.

1. father
2. brother
3. mother's brother
4. mother's sister
5. his daughter
6. my son
7. sister
8. grandpa
9. grandma
10. your mother

Navê min **Bawer** e. Xweheke min heye. Navê birayê min Rêzan e. Bavê min mamoste ye. Diya min jî dixtor e. Ez ji malbata xwe gelekî hez dikim.

Beşa şeşem

A. Taştêya Wanê

1) Guh bidinê û cihên vala dagirin.

Taştê di çanda xwarinê ya kurdî de gelekî girîng e. Loma ez dixwazim ji we re behsa taştêya Wanê bikim. Wan navê bajarekî kurdan e. Taştêya vî bajarî binavûdeng e. Di taştêyê de gelek tiştên tamxweş hene. Hinek ji wan ev in: ________ sêlê, qewîtk, __________ reş û şîn, __________ bisîrik, _________ cur bi cur, ________ qelandî, _______, ___________, __________, __________ hişkkirî, _______, ________ û wisa dûvdirêj dewam dike.

Bi rastî jî lîsteyeke dirêj e, lê meraqan nekin! Hinga hûn birçî bin, xwarin li ber çavên we hindik xuya dike. Li ber taştê hertim _____________ heye. De bixwin, efiyet be!

2) Navên lêhatî li bin wêneyan binivîsin.

1_________ 2__________ 3_________ 4_________ 5 _________ 6_________

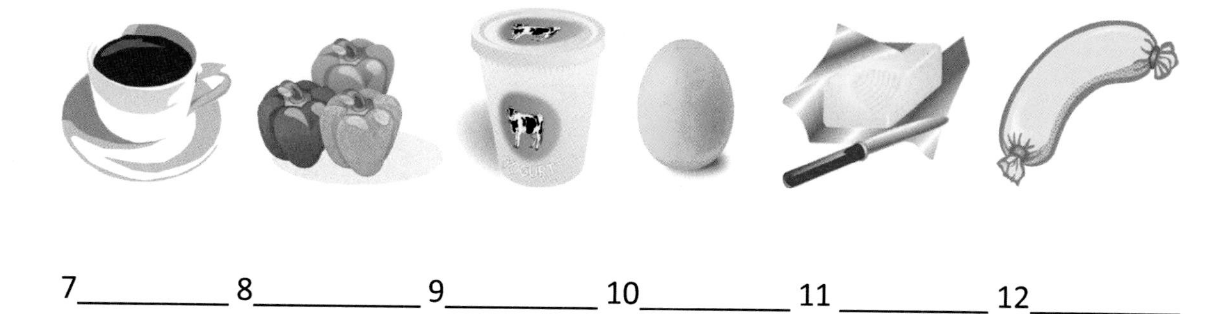

7________ 8__________ 9_________ 10_________ 11 _________ 12_________

B. Rêziman

- The reciprocal pronoun

hev / hevdu	**each other**
Em hev dibînin.	We see *each other.*
Em hevdu dibînin.	We see *each other.*

1) Valahiyan bi „xwe" yan jî „hev(du)" dagirin.

1. Ew ___________________ dilezîne.
2. Ez ji ___________________ hez dikim.
3. Hûn ___________________ fêhm nakin.
4. Tu ___________________ dibînî.
5. Em ___________________ nas dikin.
6. Ma tu li mala ___________________ yî?

Kêfa min ji taştêyê re tê. Ez li malê bi malbata xwe re her roj taştêyê û şîvê dixwim. Di dema firavînê de ez li dibistanê me. Loma ez bi hevalên xwe re dixwim. Zarokino, xwe bê xwarin nehêlin û ji hev hez bikin!

C. Sêv li kû derê ye?

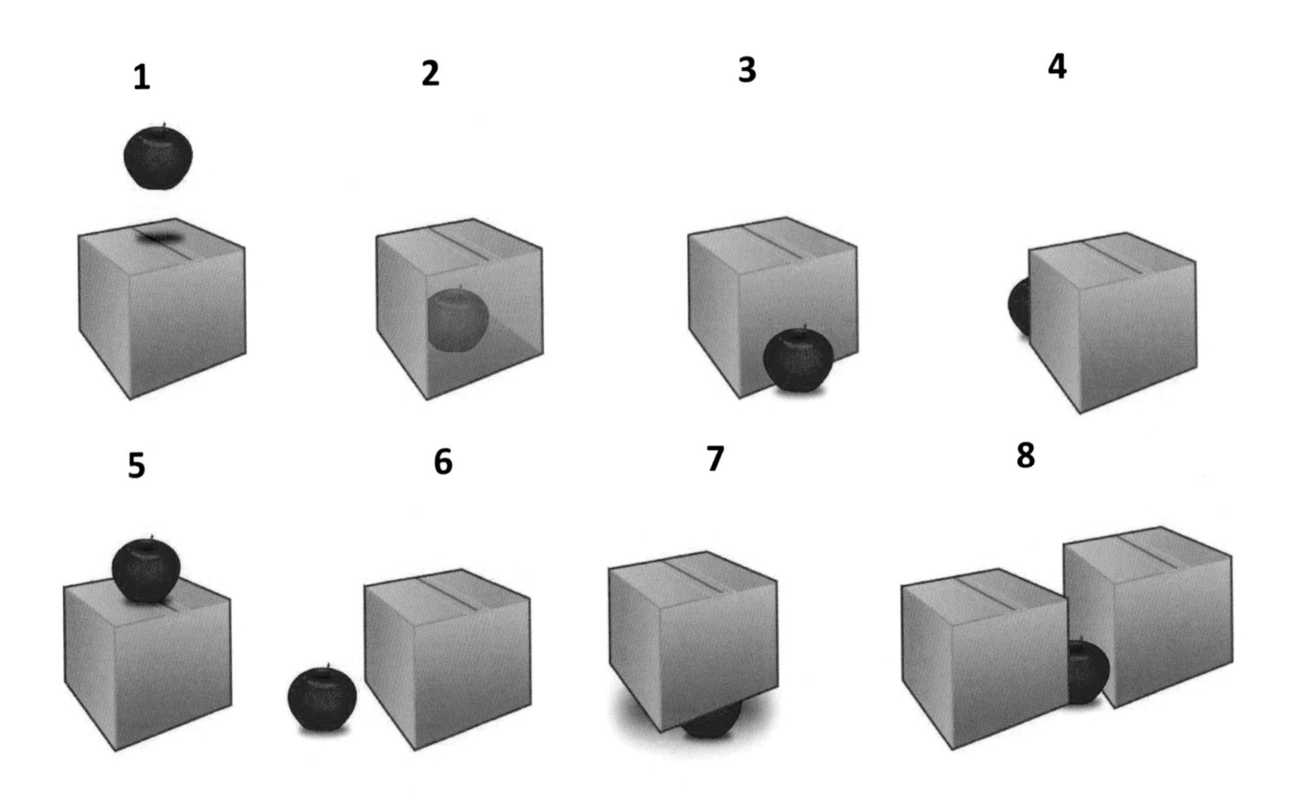

1) Cihên vala bi daçekên di qutiyê de dagirin.

li raserê, di navbera ...de, li cem, li bin, di nava ... de, li pişt, li pêş (li ber), li ser

1. Sêv *li raserê* qutiyê ye.

   Sêv *li raserê* ye.

2. Sêv ________________ qutiyê ___________ ye.

   Sêv ________________ ye.

3. Sêv ________________ qutiyê ye.

   Sêv ________________ ye.

4. Sêv ________________ qutiyê ye.
   Sêv ________________ ye.
5. Sêv ________________ qutiyê ye.
   Sêv ________________ ye.
6. Sêv ________________ qutiyê ye.
   Sêv ________________ ye.
7. Sêv ________________ qutiyê ye.
   Sêv ________________ ye.
8. Sêv ________________ qutiyan ________ ye.
   Sêv ________________ ye.

Hewşeke me heye. Di nava hewşê de sê darên mezin hene. Em di havînê de li bin siha wan daran firavînê dixwin. Li pişt hewşa me parkek heye. Ez û hevalên xwe li wê parkê dilîzin. Di navbera hewşa me û parkê de kolaneke teng heye. Li ser wê kolanê zarok nalîzin.

2) Bi cîranên xwe re li ser daçekan bixebitin.

Pirtûk li kû derê ye?

Ew __________ li kû derê ye?

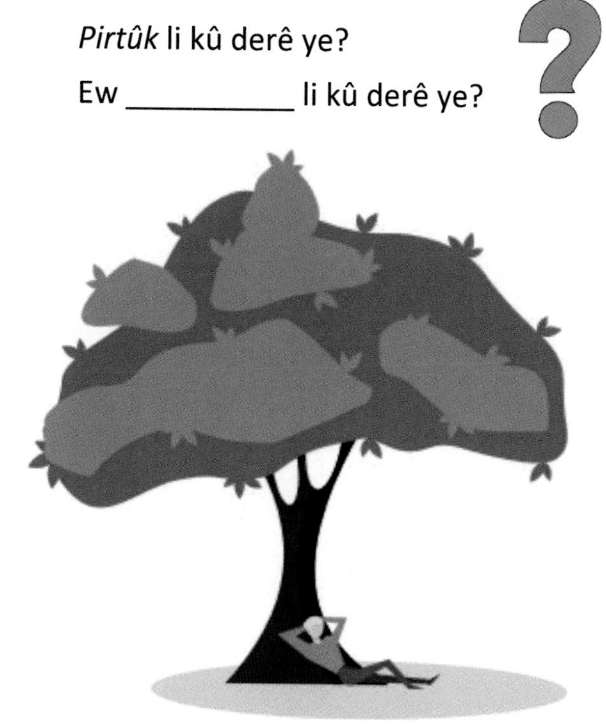

Ew **zilam** li kû ye?

D. Hobî û spor

1) Ew çi dikin? Li jêr binivîsin.

karate kirin, futbol lîstin, kaşûn kirin, bezîn, li piyanoyê xistin, li hêsp siwar bûn, avjenî kirin, wêne çêkirin, boks kirin, tenis lîstin, reqisîn, bi peya gerîn, xwendin, bisiklêt ajotin, li gîtarê xistin

1. Ew futbolê dilîze.
2. ______________________________
3. ______________________________
4. ______________________________
5. ______________________________
6. ______________________________
7. ______________________________
8. ______________________________
9. ______________________________
10. ______________________________
11. ______________________________
12. ______________________________
13. ______________________________
14. ______________________________
15. ______________________________

2) Bi cîranên xwe re pirsên li jêr gotûbêj bikin.

- **Hobiyên te çi ne?** (What hobbies do you have?)

  Hobiyên min ______________________ in/ne.

- **Ma tu sporê dikî?** (Do you do sport?)

  Erê, ______________ / Na, ______________

- **Tu di dema xwe ya vala de çi dikî?** (What do you do in your free time?)

  Ez di dema xwe ya vala de ______________________________

- **Kêfa te ji kîjan sporê re tê?** (Which sport do you like?)

  Kêfa min ji ______________________ re tê.

- **Tu li kîjan amûra muzîkê dixî?** (Which instrument do you like to play?)

  Ez li ______________________ dixim.

3) Valahiyan dagirin.

I.	av _ e _ î k _ r _ n	to swim
II.	d _ m _ v _ l _	free time
III.	a _ o _ i _	to drive
IV.	r _ q _ s _ n	to dance
V.	h _ şk _ i _ î	dried
VI.	t _ ş _ ê	breakfast
VII.	l _ st _ n	to play
VIII.	bi _ a _ û _ e _ g	famous

E. Ev kîjan heywan e?

1) Nav û ravekirinan li hev bînin.

kûçik (n), pisîk (m), dîk (n), masî (n), ker (m), çêlek (m), kund (n), kîvroşk (m)
fîl (m), beraz (m), şêr (n), mirîşk (m)

1. Ew nêr e. Du lingên wî hene. Sibehê zû bang dide û mirovan şiyar dike. Nikilê wî heye. Pûrtên wî rengo rengo ne.
2. Ew mê ye. Qiloçên wê hene. Çar lingên wê hene û hertim giyê dixwe. Mirov şîrên wê vedixwin. (giya+ î → giyayî → giyê)
3. Rengê wê gewr e. Çar lingên wê hene. Guhên wê mezin in. Mirov li wê siwar dibin.
4. Ew mê ye. Du lingên wê hene û hêkan dike. Nikilekî wê heye û pûrtên wê rengîn in.
5. Di nav avê de dijî. Hestiyên wî nînin, lê striyên wî hene.
6. Rengê wê gewr e. Çarlingî ye û pozê wê dirêj e. Diran û guhên wê yên mezin hene.
7. Ew li daristanê dijî. Çarlingî û goştxwer e. Pirça serê wî pir e.
8. Perên wî hene û difire. Ew bi şev şiyar e. Çavên wî mezin in.
9. Çar lingên wê hene û qelew e. Ew di nav gemarê de dilîze û dûvê wê xelek e.
10. Rengê wê qehweyî ye. Du diranên wê yên mezin hene û kêfa wê ji gêzeran re tê.
11. Çarlingî ye û hevalê mirovan e. Rengê wî qehweyî ye.
12. Rengê wê spî ye. Dûvê wê heye û li malên mirovan dijî.

2) Bi cîranên xwe re heywanan rave bikin.

___

___

___

___

Beşa heftem

A. Rengdêran nas bikin

1) Nivîsê bixwînin û rengdêran bibînin.

Bajarê Mêrdînê li ser çiyayekî bilind e. Li vî bajarê xweş ji bilî kurdan, ereb û suryanî jî dijîn. Loma bajarekî pirreng e. Keleheke Mêrdînê ya kevn heye. Kuçeyên wî teng û kevirî ne. Xaniyên wî zehf nêzîkî hev in. Li nava bajêr çend minareyên xweşik hene. Li derdora bajêr deşteke fireh heye. Li derveyî bajêr balafirgeheke biçûk heye. Zanîngeheke nû li vî bajarî ye. Herwiha çend mektebên mezin hene. Heke rêya we bikeve bakurê Kurdistanê serdana vî bajarê kevnare jî bikin.

____

____

2) Rengdêrên dijwate li hev bînin.

1. baş
2. dirêj
3. germ
4. kevn
5. bilind
6. qelew
7. nêzîk
8. hişk
9. biçûk
10. fireh
11. xweşik
12. dirêj
13. pîr
14. stûr

a. nebaş
b. nimz
c. kin
d. teng
e. zeîf
f. dûr
g. nerm
h. mezin
i. sar
j. zirav
k. kirh
l. kurt
m. nû
n. ciwan

B. Danberhev

Adjective	Comparative	Superlative I	Superlative II
baş = good **dûr = far**	adjective + ***-tir*** Examples: **baş**tir **(better)** **dûr**tir **(further)**	adjective + ***-tirîn*** Examples: baş**tirîn (the best)** dûr**tirîn (the furthest)**	**herî** + adjective Examples: **herî** baş **(the best)** **herî** dûr **(the furthest)**

1) Wêneyan bidin ber hev.

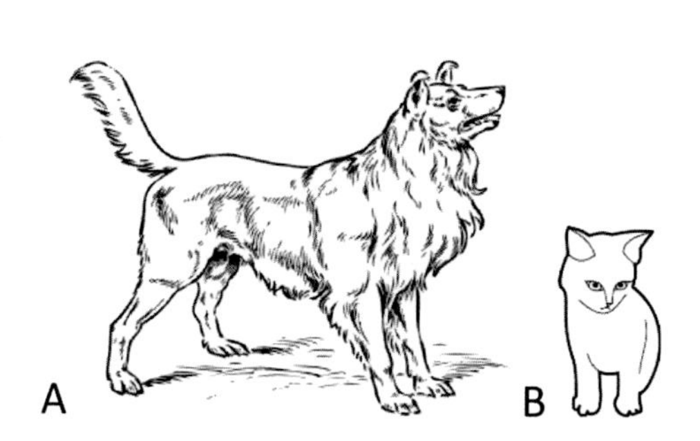

1. Kûçik **ji** pisîkê xweşik**tir** e.
2. ______________________

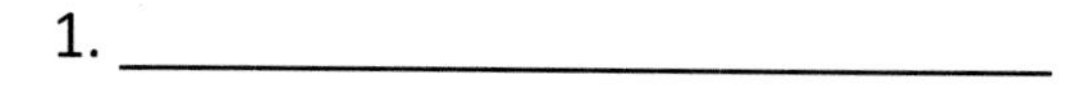

1. ______________________
2. ______________________

1. ______________________
2. ______________________

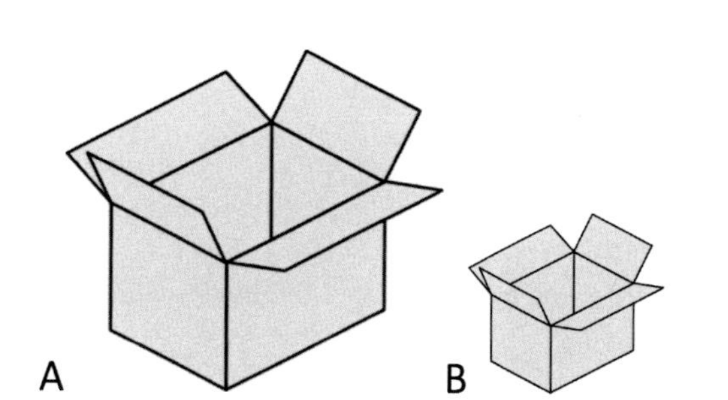

1. ______________________
2. ______________________

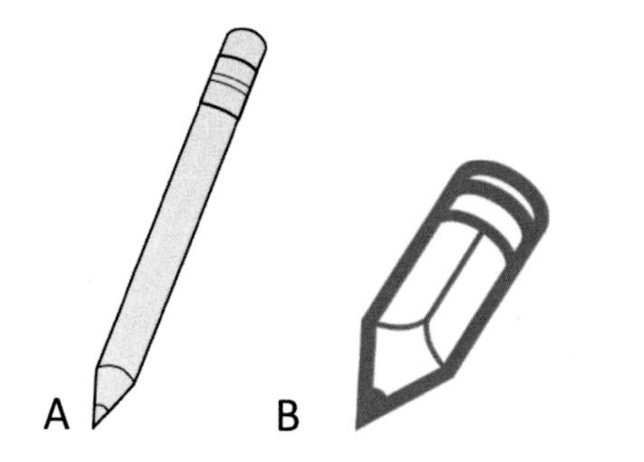

1. ______________________
2. ______________________

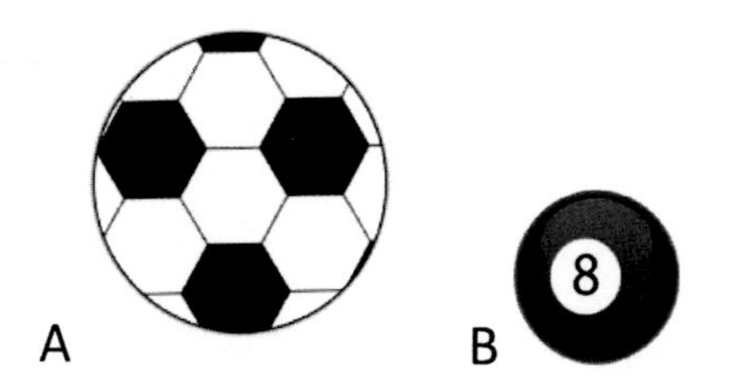

1. ______________________
2. ______________________

C. Dema borî ya sade

Simple past tense	**Conjugation**	**Negation**
The formation with ***intransitive*** verbs verb stem + personal endings **ne** + verb stem + personal endings	Ez hat**im**. **(I came)** Tu hat**î**. Ew hat. Em hat**in**. Hûn hat**in**. Ew hat**in**. Hûn hat**in**. *(polite)*	Ez **ne**hatim.**(I didn't come)** Tu **ne**hatî. Ew **ne**hat. Em **ne**hatin. Hûn **ne**hatin. Ew **ne**hatin. Hûn **ne**hatin.
The formation with ***transitive*** verbs - without object	Min dît. **(I saw.)** Te dît. Wî dît. Wê dît. Me dît. We dît. Wan dît.	Min **ne**dît. **(I didn't see.)** Te **ne**dît. Wî **ne**dît. Wê **ne**dît. Me **ne**dît. We **ne**dît. Wan **ne**dît.
The formation with ***transitive*** verbs - with object verb stem + personal endings	Wê ez dîtim. **(She saw me.)** Wê tu dîtî. Wê ew dît. Wê em dîtin. Wê hûn dîtin. Wê ew dîtin.	Wê ez **ne**dîtim. **(She didn't see me.)** Wê tu **ne**dîtî. Wê ew **ne**dît. Wê em **ne**dîtin. Wê hûn **ne**dîtin. Wê ew **ne**dîtin.
The formation with **separable** verbs **(rabûn)** (to get up)	Ez rabûm. Tu rabûyî. Ew rabû. Em rabûn. Hûn rabûn. Ew rabûn.	Ez ra**ne**bûm. Tu ra**ne**bûyî. Ew ra**ne**bû. Em ra**ne**bûn. Hûn ra**ne**bûn. Ew ra**ne**bûn.

Transitive verbs in the past tenses: The personal endings do not refer to the subject, but to the object.

1) Valahiyan li gorî dema borî ya sade dagirin.

1. Me xwarin ____________________? **(xwarin)**
2. Ma tu li vir ____________________? **(rûniştin)**
3. Hûn bi me re ____________________. **(ne / hatin)**
4. Ew kengî ____________________ malê? **(çûn)**
5. Ez îro li parka bajêr ____________________. **(bezîn)**
6. Ma tu kengî ____________________ malê? **(hatin)**
7. Min duh xwarin ____________________. **(çêkirin)**
8. Wî pirtûkeke Jan Dostî ____________________. **(ne / xwendin)**
9. Min duh hevala xwe li bazarê ____________________. **(dîtin)**
10. Saet çend ____________________ ? **(bûn)**

2) Bedirxan çi çênekir?

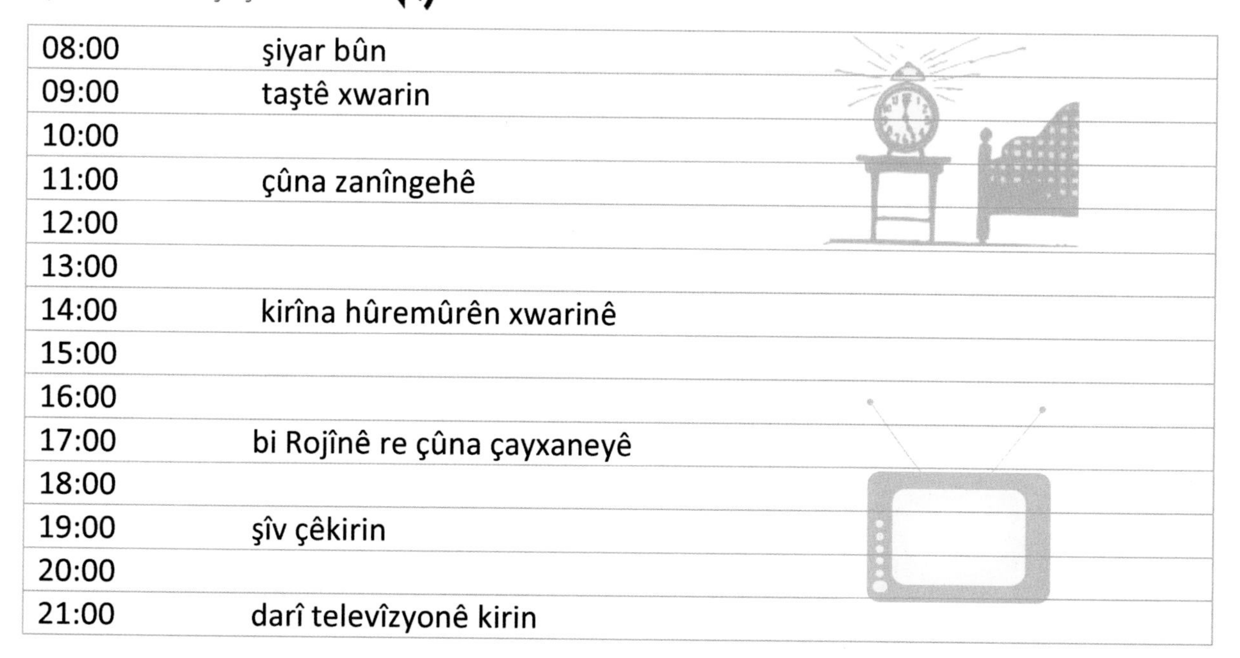

08:00	şiyar bûn
09:00	taştê xwarin
10:00	
11:00	çûna zanîngehê
12:00	
13:00	
14:00	kirîna hûremûrên xwarinê
15:00	
16:00	
17:00	bi Rojînê re çûna çayxaneyê
18:00	
19:00	şîv çêkirin
20:00	
21:00	darî televîzyonê kirin

3) We duh çi kir? Bi cîranên xwe re biaxivin.

08:00	
09:00	
10:00	
11:00	
12:00	
13:00	
14:00	
15:00	
16:00	
17:00	
18:00	
19:00	
20:00	
21:00	

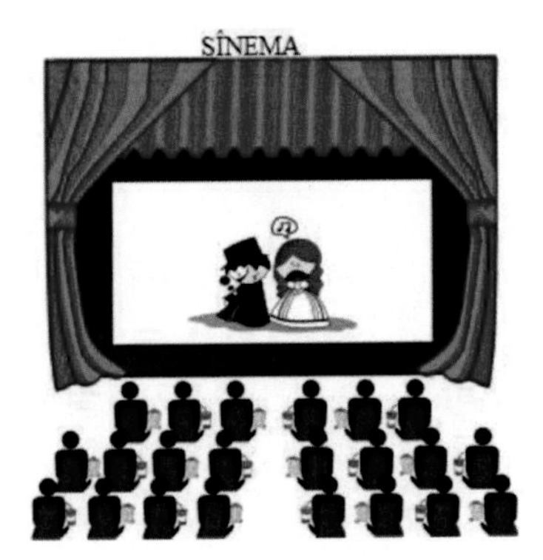

Beşa heştem

A. Rewşa hewayê

1) Dinya çawa ye? / Hewa çawa ye?

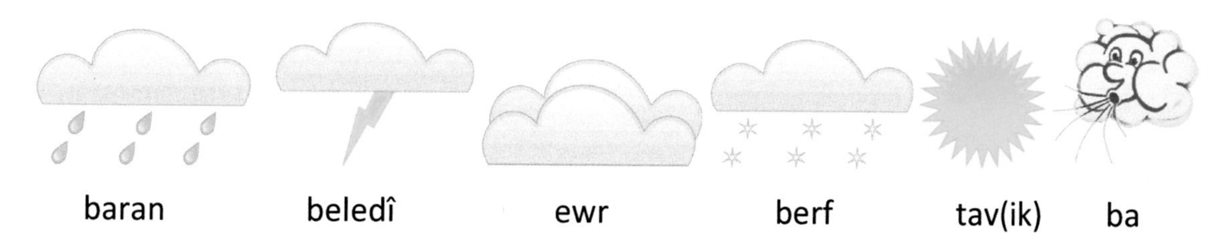

1. Baran dibare. → Dinya (bi)baran e. → Dinya şilî ye. (It's raining.)
2. Beledî vedidin. (There is lightening.)
3. Dinya (bi)ewr e. (It's cloudy.)
4. Berf dibare. → Dinya (bi)berf e. (It's snowing.)
5. Dinya (bi)tav e. (It's sunny.)
6. Ba tê. (It's windy.)
7. Dinya (bi)mij e. (It's foggy.)
8. Dinya *sayî* ye. (The sky is cloudless.)
9. Hewa sar e. (It's cold.)
10. Hewa germ e. (It's warm.)

2) Bi cîranên xwe re rewşa hewayê gotûbêj bikin.

1. Îro li Londonê dinya _______________ (y)e.
2. Duh li vir dinya _______________ bû.
3. Sibe li vir dinya _______________ (y)e.
4. Gelo li cem we baran dibare?
5. Ma li bajarê we dinya bitav e?

B. Rojeke min li Amedê

1) Lêkeran li gorî dema borî ya sade bikêşin.

Gera min ji Rihayê ______________________ **(dest pê kirin)** Ez li otobûsê ______________________ **(siwar bûn)** û ______________________ **(çûn)** Amedê. Çemê Dîcleyê di nava Amedê re _____________ **(herikîn)**. Li Amedê gelek cihên dîrokî _____________ **(hebûn)**. Hinek ji wan halo _____ **(bûn)**; sûrên Amedê, mizgefta mezin a Amedê, minareya Çarling, xana Hesenpaşayî, dêra Surp Gregosî, pira Dehderî...
Li meydana Şêx Seîdî ez ji otobûsê ______________ **(peya bûn)**. Hewa germ ______ **(bûn)**. Tavê kêfa min ________________ **(kêfa yekî/ê xweş kirin)**. Min sûrên Amedê ___________ **(dîtin)**. Wey, çi xweşik _____! **(bûn)** Gera min li baxçeyên Hewselê __________________ **(dewam kirin)**. Şînahiya van baxçeyan bêhna mirovan ______________ **(fireh kirin)**. Piştre ez __________ **(çûn)** xana Hesenpaşayî. Min li vê xanê qehweya kurdî ___________ **(vexwarin)**. Qehweya kurdî ji kizwanan __________ **(çêkirin)**. Tama wê zehf xweş _________ **(bûn)**. Gera min piştî bêhnvedanê _________________ **(dewam kirin)**. Vê carê ez li dêra Surp Gregosî __________ **(bûn)**. Ew dêr gelekî balkêş __________ **(bûn)**. Piştî dêrê, min berê xwe _________ **(berê xwe dan)** kuçeya hunerê. Li wir gelek çayxane û restorant ___________ **(hebûn)**. Ez birçî _______ **(bûn)**. Dilê min ______ **(çûn)** biraşka şîşê û min ew _________ **(xwarin)**. Tama wê gelekî xweş ________ **(bûn)**. Ez piştî vê gera xweş ______________ **(vegerîn)** malê.

2) Xaçepirsê bibersivînin

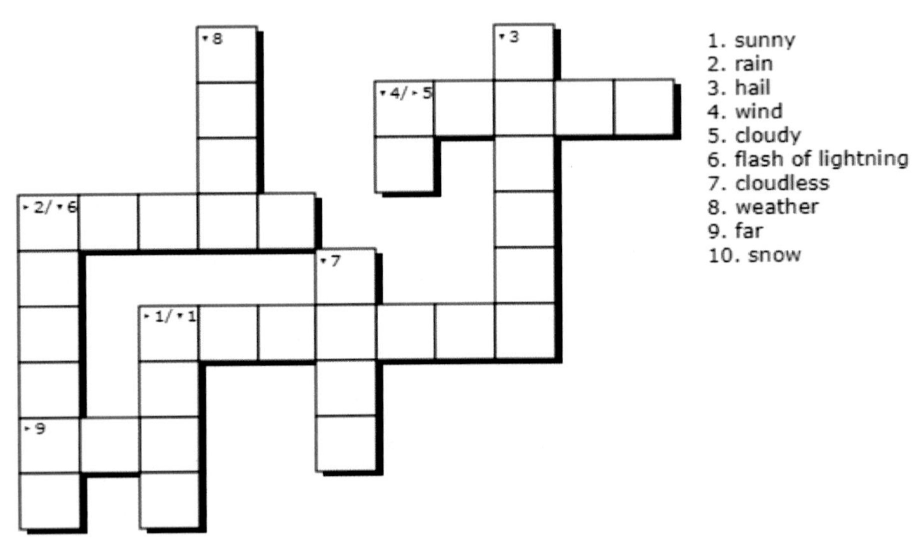

C. Sebze û mêwe

1) Nav û hejmaran li hev bînin.

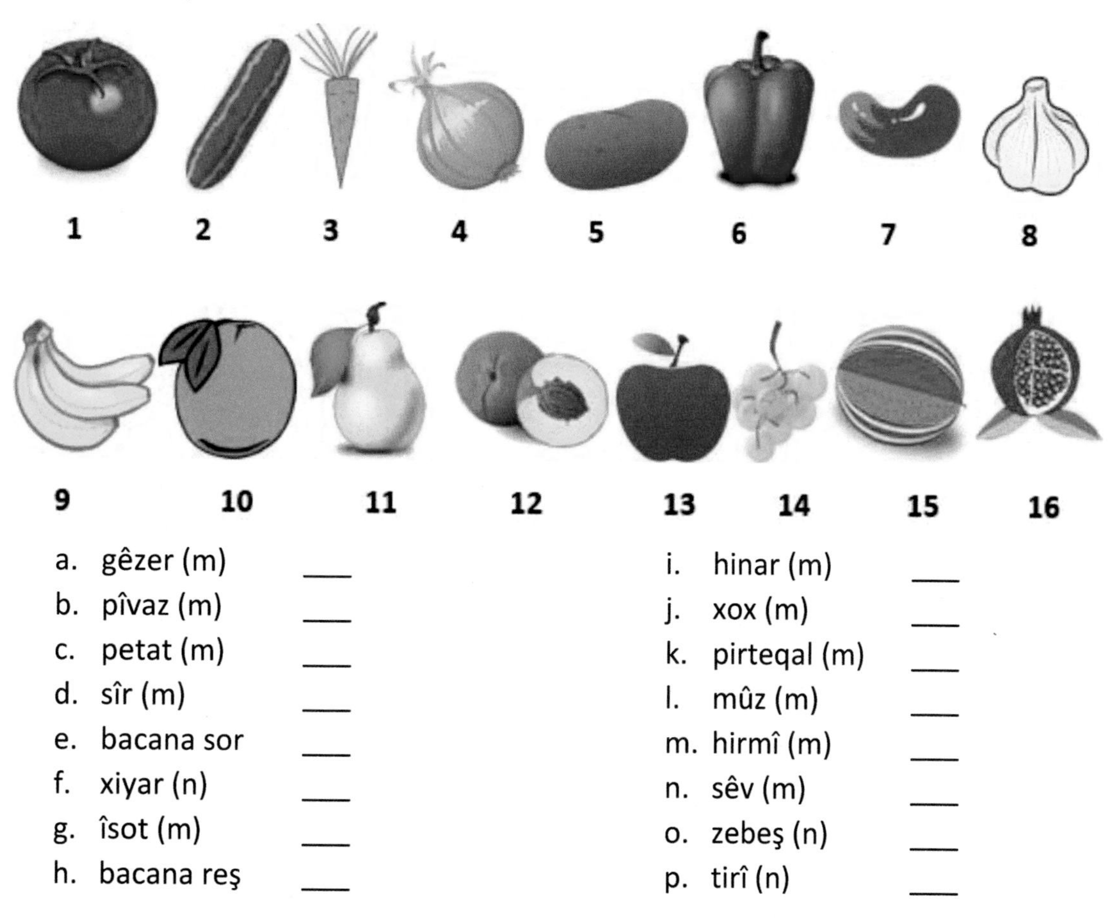

a. gêzer (m) ___
b. pîvaz (m) ___
c. petat (m) ___
d. sîr (m) ___
e. bacana sor ___
f. xiyar (n) ___
g. îsot (m) ___
h. bacana reş ___

i. hinar (m) ___
j. xox (m) ___
k. pirteqal (m) ___
l. mûz (m) ___
m. hirmî (m) ___
n. sêv (m) ___
o. zebeş (n) ___
p. tirî (n) ___

D. Ev bi çiqasî ye?

1) Hewcebûna we bi hûremûrên xwarinê heye. Diyalogekê pêk bînin.

Kiryar: Petatên we hene?

Firoşkar: Erê, kîloya petatan bi ewroyek û nîvê ye.

Kiryar: Ez dixwazim *sê **kîlo**yan/185 **gram**an* bikirim. Mûzek bi çiqasî ye?

Firoşkar: Ew bi 75 sentan e.

Kiryar: Ji kerema xwe sê heban bidin min.

2) Bixwînin û pirsan bibersivînin.

Alan bi hevala xwe Zelalê re diçe dikanê. Di kaxiza wî ya kirînê de ev hene: nanê esmer, penîrê mozarella, zeytûnên kesk, pakêtek meqerne, çaya zencefîlê, sê pakêt şîr û ava tûj. Alan li ser refan zeytûnên kesk nabîne û ji xebatkarekî dikanê dipirse.

Alan: Gelo zeytûnên kesk li kû ne?

Xebatkar: Biborin, zeytûnên kesk nemane.

Alan ji bo bersivê spas dike û diçe ber qaseyê. Zelal jî pakêtek şîr û kîloyek goştê mirîşkan distîne û diçe cem Alanî.

Qasiyer: Tevde 23 ewro û 50 sent dikin.

Bi Alanî re tenê 20 ewro hebûn. Ji Zelalê dipirse:

Alan: Tu dikarî ji kerema xwe 3 ewro û nîvan deyn bidî min?

Zelal: Erê, keremke!

Zelalê ji bo heqê tiştên xwe jî şeş ewro dan. Herduyan tiştên xwe kirin kîsikên xwe û çûn.

1. Alanî bi çiqasî tiştên xwarinê kirîn?

   ____

2. Ma Zelal bi Alanî re çû kiryariyê?

   ____

3. Alanî li ser refan çi nedît?

   ____

4. Ma Zelalê sê pakêtên şîr kirîn?

   ____

5. Pereyên Alanî têrê kirin?

   ____

6. Zelalê çiqas deyn da Alanî?

   ____

7. Zelalê bi çiqasî tiştên xwe kirîn?

   ____

Zelal Alan

Beşa nehem

A. Laşê mirovî

1) Gotinan û beşên laşî li hev bînin.

a. ling (n) ______
b. zik (n) ______
c. mil (n) ______
d. tilî (m) ______
e. dev (n) ______
f. por (n) ______
g. pî (n) ______
h. sing (m) ______
i. çok (n) ______
j. çeng (n) ______
k. çav (n) ______
l. ser (n) ______
m. pêçî (m) ______
n. birû (m) ______
o. dest (n) ______
p. bêvil (m) ______
q. stû (n) ______
r. guh (n) ______

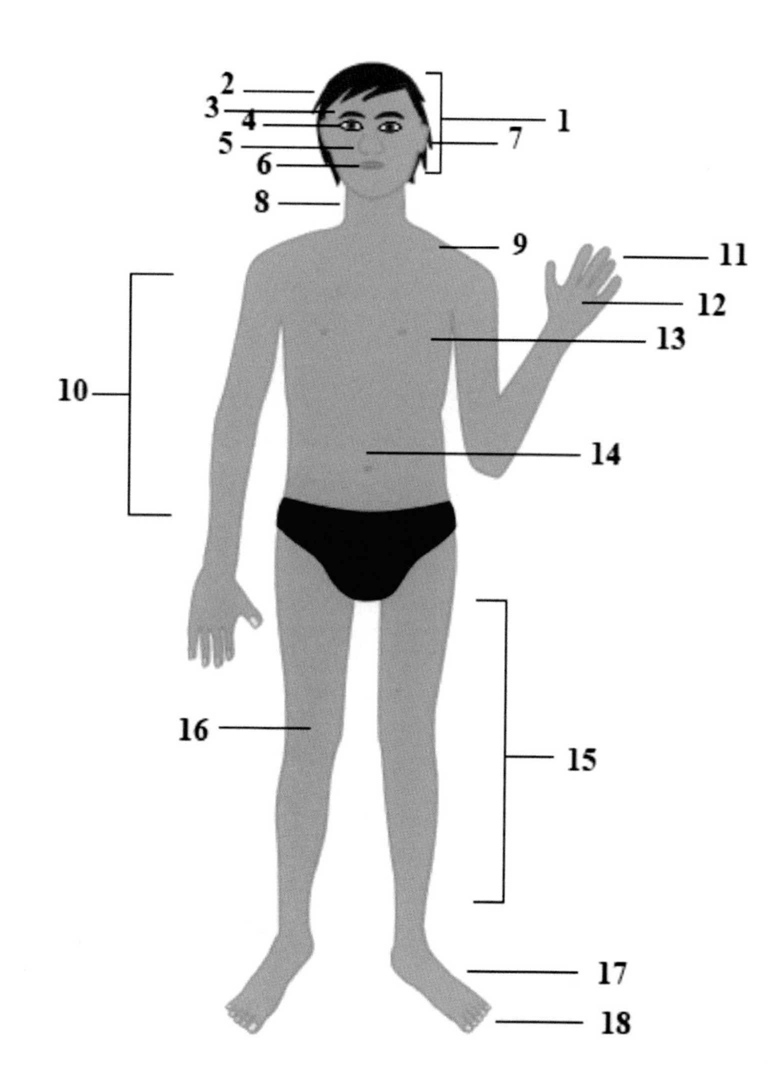

2) Valahiyan dagirin.

yekjimar	pirjimar
• ling______ min	• ling______ min
• bêvil______ wî	• bêvil______ wan
• ser______ wê	• ser______ we
• stû______ te	• stû______ me

B. Randevûya dixtorî

Hêlîn: Delalê, randevûya te ya dixtorî li saet çendan e?

Delal: Ew li saet sê û nîvan e.

Hêlîn: Naxwe em herin, saetek ji randevûyê re maye.

Delal: Erê bi xwedê! Em bilezînin.

Hêlîn: Rojbaş, li saet sê û nîvan randevûya hevala min heye.

Sekreter: Navê we bi xêr? Ji kerema xwe kerta xwe ya sîgorteyê bidine min.

Delal: Delal Baran. Kerem bikin!

Sekreter: Spas. Kêliyekê rûnin heta dora we were.

Dixtor: Rojbaş ji we re! Çi yê we heye?

Delal: Ji duh ve serê min û singa min diêşin.

Dixtor: Çavên we hinekî sor in. Hûn dikuxin?

Delal: Na, lê bêvila min diherike.

Dixtor: Baş e. Ji kerema xwe, devê xwe vekin. We hinekî ta girtiye.

Delal: Erê, lê rewşa min giran e?

Dixtor: Na, netirsin! Ez ji we re dermanekî dinivîsim. Sibe û êvaran birçî bixwin. Divê hûn hefteyekê bêhna xwe berdin û ti karên giran an jî sporê nekin.

Delal: Temam. Gelek spas.

Dixtor: Derbasbûyî be!

Hêlîn: Bi xatirê we!

Sekreter: Oxir be!

1) Read the dialogue and choose the correct answer.

Bixwînin û ya rast xîşk bikin.

Erê Na

1. Delal nexweş e.
2. Delal bi tenê diçe dixtorî.
3. Lingên Delalê diêşin.
4. Guhekî Delalê sor e.
5. Dixtor ji wê re dermanek nivîsî.
6. Divê Delal hefteyekê sporê bike.
7. Bêvila Delalê diherike.
8. Divê Delal dermanên xwe bi zikê têr bixwe.

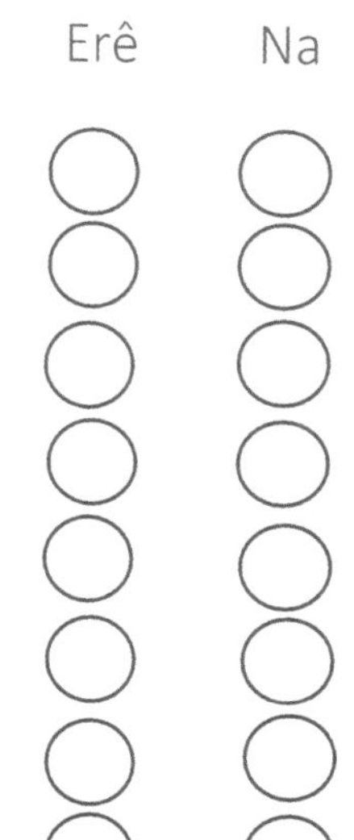

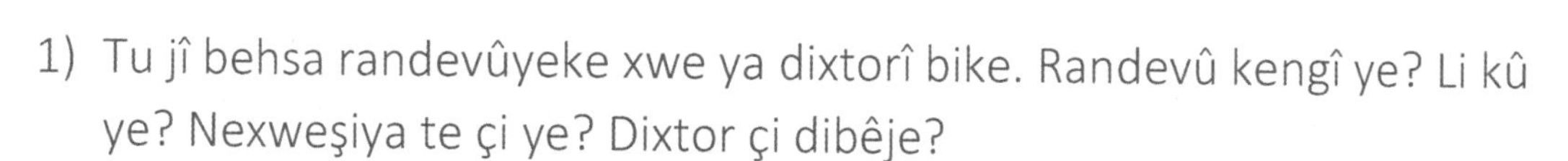

1) Tu jî behsa randevûyeke xwe ya dixtorî bike. Randevû kengî ye? Li kû ye? Nexweşiya te çi ye? Dixtor çi dibêje?

Dixtor ji bo jiyana mirovan gelekî girîng in. Ew li reng û neteweya kesan nanêrin. Hemû nexweşan tedawî dikin. Ji ber ku ew sonda Hîpokratî dixwin. Herwiha arîkirina mirovan karekî mirovî ye.

C. Daçek

Kurmancî	Îngilîzî	Mînak
bi	**with, by**	Ez bi trênê têm.
bê	**without, -less**	Ez bêkar im.
ji	**from**	Ez ji Efrînê me.
li	**in**	Ez li zanîngehê me.
li ber	**in front of**	Ez li ber deriyê zanîngehê me.
li ser	**on**	Ez li ser bên im. (ban + î → bên)
li bin	**under**	Ez li bin darê me.
ji bo	**for**	Ez ji bo te li vir im.
di ... de	**in**	Ez di malê de me.
di ... re	**through**	Ez di newalê re diçim
bi ... re	**with (together)**	Ez bi te re me.
bi ... ve	**on**	Wêneyek bi dîwêr ve ye. (dîwar + î → dîwêr)
ji ... re	**to, for**	Ev ji te re ye.
ji ... ve	**since, from ... on**	Ji sê salan ve ez li benda te me.

1) Daçekan bibînin.

Rojbaş hevalino! Ez dixwazim ji we re behsa gundê xwe bikim. Navê wî Keleh e. Ew ji Nisêbînê heşt û ji Mêrdînê 64 kîlometreyan dûr e. Gundê me li ser kaşekî ye. Çemê Ava Spî di ber re diherike. Li gorî agahiyan di gund de 187 kes dijîn. Li Kelehê dibistanek heye. Li wê dibistanê 67 xwendekar dixwînin. Her sal gelek turîst ji bo dîtina gundê me tên gerê.

____

____

____

____

D. Paşgirên biçûkker

The suffixes of diminution	Examples
-ik	berx ***(lamb)*** → berxik ***(little lamb)***
-ok	bajar ***(city)*** → bajarok ***(little city)***
-çe	bax ***(field)*** → baxçe ***(garden)***

Some words which have the suffixes of diminution got new meaning.

1) Peyvan bi paşgirên biçûkker temam bikin.

1. kur_____ boy
2. marmar_____ lizard
3. keç_____ girl
4. mêr_____ man
5. jin_____ woman
6. gund_____ (little) village
7. par_____ piece
8. zar_____ child
9. darkut_____ woodpecker
10. bêhn_____ comma
11. tav_____ sunshine
12. ger_____ traveller

Darkutok di payîzê de hêlînan ava dikin. Ji ber ku ew karibin di zivistanê de xwe biparêzin. Loma ew di serê sibehê de pir bi deng in û daran qul dikin.

E. Lêkerên pêkhatî

1) Wergerên rast bibînin.

1. derketin	a. to publish
2. derxistin	b. to go out
3. hilanîn	c. to lift
4. hildan	ç. to clear away
5. hilkirin	d. to jump up
6. hilpekîn	e. to uproot
7. rabûn	ê. to put away
8. radan	f. to hang
9. raketin	g. to lock up
10. rakirin	h. to get up
11. raxistin	i. to fall asleep
12. vedan	î. to return
13. vegerîn	j. to hide
14. vekirin	k. to drink
15. veşartin	l. to open
16. vexwarin	m. to lighten

ber-
der-
hil-
ra-
rû-
ve-

2) Lêkerên li jêr di dema niha de bikişînin.

1. derketin Ez ______________________
2. hildan Ez ______________________
3. hilkirin Ez ______________________
4. hilpekîn Ez ______________________
5. rabûn Ez ______________________
6. radan Ez ______________________

3) Lêkerên li jêr di dema niha de û di rewşa nerênî de bikişînin.

a. rakirin Ew ________________
b. raxistin Ew ________________
c. vexwarin Ew ________________
d. vegerîn Ew ________________
e. vekirin Ew ________________
f. veşartin Ew ________________

4) Lêkerên pêkhatî pêkbînin.

a. ____ketin to fall asleep
b. ____kirin to open
c. ____xwarin to drink
d. ____dan to lift
e. ____kirin to do/make smth

5) Lêkerên pêkhatî pêkbînin.

a. ra________ to get up
b. ve________ to return
c. der________ to go out
d. ber________ to let go
e. hil________ to uproot
f. rû________ to sit

6) Lêkeran di dema niha de bikişînin.

Ez her roj di saet heftan de ________________ (rabûn). Piştî ku ez çayekê ________________ (vexwarin), ez ji malê ________________ (derketin).

Ez di saet nehan de dikana xwe ________________ (vekirin). Ez hertim li ser kursiyê xwe ________________ (rûniştin) Ez hinekî dereng ________________ (vegerîn) malê. Ez di saet dozdehan de ________________ (raketin).

Beşa dehem

A. Dema bê

Formation of future	Conjugation	Negation
subject + auxiliary verb **dê/ê** + the verb in conjunctive mood (preverb **bi**)	Ez **ê biçim.** **(I will go.)** Tu **yê biçî.** Ew **ê biçe.** Em **ê biçin.** Hûn **ê biçin.** Ew **ê biçin.**	Ez ê **neçim.** **(I will not go.)** Tu yê **neçî.** Ew ê **neçe.** Em ê **neçin.** Hûn ê **neçin.** Ew ê **neçin.**
The formation with separable verbs Example: rabûn **(to get up)**	Ez **ê** rabim. Tu **yê** rabî. Ew **ê** rabe. Em **ê** rabin. Hûn **ê** rabin. Ew **ê** rabin.	Ez **ê** ra**ne**bim. Tu **yê** ra**ne**bî. Ew **ê** ra**ne**be. Em **ê** ra**ne**bin. Hûn **ê** ra**ne**bin. Ew **ê** ra**ne**bin.

1) Valahiyan dagirin.

1. Ez __________ bi te re ________________ (xwarin).
2. Ma tu __________ sibe ________________ (çûn) sînemayê?
3. Ew __________ ezmûnekê ________________ (ne / nivîsîn).
4. Hûn __________ kengî ________________ (avjenî kirin)?
5. Ez __________ roja înê ________________ (firîn).
6. Em __________ wî piştre ________________ (dîtin).
7. Li saet çendan trên __________ ________________ (gihiştin) vir?
8. Gelo ez __________ dersa xwe li wir ________________ (ne / çêkirin)?
9. Ez __________ bi wan re ________________ (herîn) malê.
10. Em __________ çawa li bisiklêt ________________ (siwar bûn)?

2) Translate the text into future tense.

Nivîsê wergerînin dema bê.

Ez li saet heftan şiyar dibim. Pêşî ez dest û rûyê xwe dişom. Piştre ez cilên xwe li xwe dikim. Ez li saet heft û nîvan taştêyê dixwim. Piştî taştêyê ez diranên xwe firçe dikim. Ez di saet heştan de ji malê derdikevim. Ez di saet heşt û çaryekê de li trênê siwar dibim. Ez ji saet heşt û nîvan heta çarên nîvroyê li zanîngehê me. Ez piştî zanîngehê dersa xwe çêdikim. Ez li saet şeşên êvarê serê xwe dişom. Ez bi şevê darî televîzyonê dikim. Ez li saet dozdehên şevê radizim.

___

___

___

___

___

___

___

B. Rengên me

1) Rengên kurdî fêr bibin.

1. sor
2. zer
3. kesk
4. reş
5. şîn
6. qehweyî
7. xemrî
8. spî

9. pirteqalî

10. gewr

2) Ew çi reng e?

Ev panda reş û spî ye. ______________ ______________ ______________

______________ ______________ ______________ ______________

C. Çûna sînemayê

Berfîn: Dilyaro, gelo em sibe çi bikin?

Dilyar: Em dikarin herin sînemayê.

Berfîn: Fikrekî baş e. Jixwe fîlmekî nû hatiye, min dixwest ez wî bibînim.

Dilyar: Gelekî baş e. Em ji Hêlînê jî bipirsin?

Berfîn: Erê, ez ê li wê bigerim. Rojbaş, Hêlîn! Tu çi dikî?

Hêlîn: Rojbaş Berfîn, bi xwedê ez li malê rûniştî me. Çima? Xêr e?

Berfîn: Xêr e, xêr. Ez û Dilyar fikirîn. Em dixwazin sibe herin sînemayê. Tu jî dixwazî bi me re werî?

Hêlîn: Çima na? Min jî digot, sibe în e, gelo ez çi bikim. Hûn dixwazin biçin kîjan fîlmî?

Berfîn: *Kîso jî dikarin bifirin.*

Hêlîn: Min jî ew fîlm bihîst. Dibêjin pir xweş e.

Berfîn: Erê, loma ez dixwazim wî fîlmî bibînim. Em bilêtan çawa bikin?

Dilyar: Ez ê niha li ser înternetê eyar bikim. Hûn cihên li pêş an li paş dixwazin?

Berfîn: Paş xweştir e.

Dilyar: Bila! Ez ê sê cihên paş bikirim. Li saet heftan an heşt û nîvan?

Berfîn: Heft baş e.

Dilyar: Temam. Min sê cih eyar kirin.

Hêlîn

1) Pirsan li gorî diyalogê bibersivînin.

1. Îro çi roj e?
2. Ew ê kengî biçin sînemayê?
3. Kî û kî dixwazin herin sînemayê?
4. Ew ê li saet çendan biçin sînemayê?
5. Ew ê herin kîjan fîlmî?

D. Li firoşgeha cilan

1) Diyalogekê ava bikin.

a. Gelo qase li kû ye?
b. Kêfa min ji kirasên rengo rengo re nayê.
c. Rojbaş!
d. Ez çawa dikarim arî we bikim?
e. Oxir be!
f. Li pişt pêpelûkan e.
g. Ez dixwazim li kirasan mêze bikim.
h. Erê, lê ji vî kirasî rengê kesk heye?
i. Ev bi 50 ewroyî ye.
j. Mixabin tenê rengê şîn maye.
k. Hûn kîjan bedenê li xwe dikin?
l. Ev çawa ye?
m. Gelo ez dikarim vî kirasî biceribînim?
n. Kerem bikin!
o. Cihê lixwekirinê li kû ye?
p. Çawa xuya dike?
q. Kerem bikin kirasên sezona nû li qata duyem in.
r. Ev gelekî li we hat. We jî eciband?
s. Baş e, şîn jî xweşik e.
t. Ev bi çiqasî ye?
u. Bedena min 40 e.
v. Qase li aliyê rastê yê deriyê derve ye.
w. Gelek spas! Bi xatirê we!

____

____

____

2) Navên rast li bin wêneyan binivîsin.

gore (m), şimik (m), kiras (n), şort (n), tîşort (n), derpêk (n), kemer (m), şal (n), mont (n), çakêt (n), pêlav (m), lepik (n), kumik (n), gumlek (n), qrewat (m)

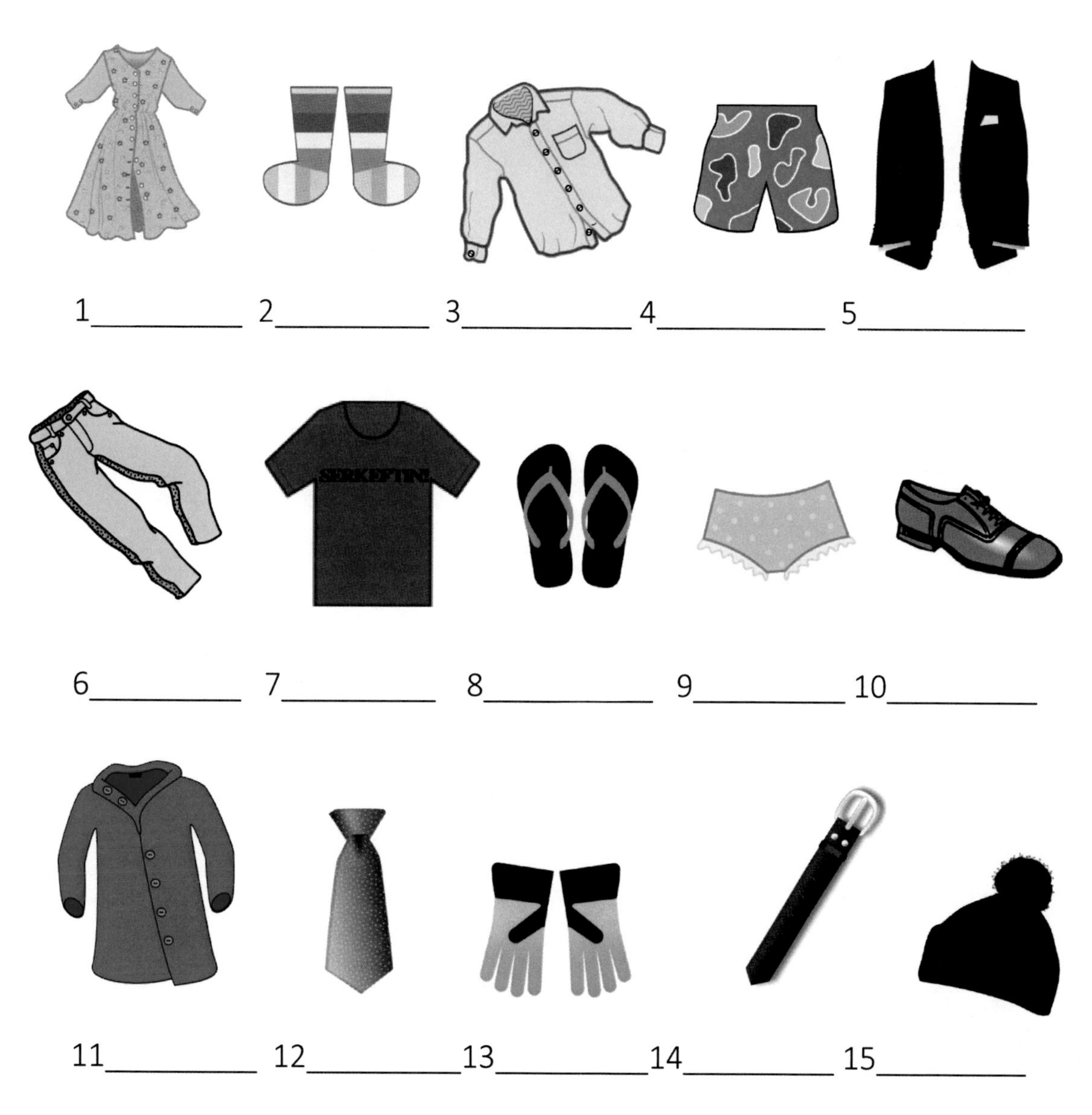

1_________ 2_________ 3_________ 4_________ 5_________

6_________ 7_________ 8_________ 9_________ 10_________

11_________ 12_________ 13_________ 14_________ 15_________

3) Wê çi li xwe kir? Guh bidinê. 

____

Ferheng

A

Afrîkaya Başûr	South Africa
agahdar kirin	to inform
agir (nêr)	fire
alî (n)	side
alman	German
Almanya (mê)	Germany
arî kirin	to help
Arjentîn (m)	Argentine
av (m)	water
avahîsazî (m)	architecture
ava kirin	to build
avêtin	to throw
avjenî kirin	to swim

B

ba (n)	wind
bacana reş	eggplant
bacana sor	tomato
balafirgeh (m)	airport
bapîr (n)	grandpa
baş	good
bav (n)	father
baxçe (n)	garden
behs kirin	to talk about
Belçîka (m)	Belgium
beledî (m)	lightning flash
beq (m)	frog
beraz (n)	pig
berbang (m)	dawn
berçavk (n)	eyeglass
berf (m)	snow
berî	before
bêhn fireh kirin	to calm
bêhnok (m)	comma
bêhnvedan (m)	break
bêrî kirin	to miss
bersiv (m)	answer
bersivandin	to answer
bêvil (m)	nose
bi	with
Bi xatirê te!	Bye!; Good-bye!
Bibore!	Excuse me!
Bila!	Alright! OK!
binavûdeng	famous
birêz	honorable
birîn (m)	wound
birû (n)	eyebrow
Brîtanya (m)	Britain
bulgar	Bulgarian
bulgarî	Bulgarian language
Bulgaristan (m)	Bulgaria
bûn	to be

C

car (m)	time
cetwel (n)	ruler
cih (n)	place
civaknasî (m)	sociology
ciwan	jung; schön
cînavk (m)	pronoun
cotkar	farmer

Ç

çakêt (n)	jacket
çand (m)	culture
çaryek (m)	quarter
çav (n)	eye
çawa	how
çayxane (m)	tea house
çend	how many
çeng (n)	arm
çenteyê piştê	backpack
çep	left
çêlek (m)	cow
çi	what
çîçik (m)	chick
çiqas	how much
çiya (n)	mount
çok (n)	knee
çûn	to go

D

dagirtin	to fill
dapîr (m)	grandma
dar (m)	tree
darî kirin	to watch
dawî (m)	end
defter (m)	notebook
delal	lovely; sweet
demsal (m)	season
deng (n)	sound; voice
der (m)	place
derbas bûn	to pass (by)
Derbasbûyî be!	Get well soon!
derdor (m)	around
derî (n)	door
derketin	to go out
derman (n)	drug, medicine
derman kirin	to medicate
dermanxane (m)	pharmacy
derpêk (n)	underpants
derxistin	to publish
ders (m)	lecture, homework
dest (n)	hand
destpêk (m)	start
dest pê kirin	to start
deşt (m)	plain
dev (n)	mouth
dewam kirin	to continue
dê (m)	mother
dêr (m)	church
di ... de	in
di navbera ... de	between
dibistan (m)	school
dikan (m)	shop
dinya (m)	world
diran (n)	tooth
diyalog (m)	dialogue
dîk (n)	cock
dîrok (m)	history
dîsa	again
dixtor/**doktor**	doctor
dubare kirin	to repeat
duh	yesterday
dûr	far
dûv (n)	tail

E

elok (m)	turkey
endazyar	engineer
endazyarî (m)	engineering
erê	yes

Ê

êvar (m)	evening
Êvara te bi xêr!	Good evening!
Êvarbaş!	Good evening!
êvarê	in the evening
êzing	wood

F

ferheng (m)	dictionary
fêhm kirin	to understand
fêr bûn	to learn
fîl (m)	elephant
firavîn (m)	lunch
firçe (m)	brush
Fransa (m)	France
fransî	French

G

garson	waiter/waitress
gelek	many
gemar (m)	dirt
ger (m)	travel
gerîn	to travel
germ	warm
gêzer (m)	carrot
gihan	to reach; to arrive
gir (n)	hill, large
girîng	important
giya (n)	grass
gore (m)	sock
goştxwer	carnivore
guh (n)	ear
guh dan	to listen
Guhdarê xwe be!	Take care of yourself!
guhdarî kirin	to listen

gumlek (n)	shirt
gund (n)	village

H

hatin	come
hebûn	to have; there is/are ...
hefte (m)	week
hejmar (m)	number
hember	opposite
hemşîre	nurse
herwiha	besides, also
hesp (n)	horse
hestî (n)	bone
heta	until
heval	friend
hevnasîn (m)	to get to know
hevok (m)	sentence
hevoksazî (m)	word order typology
hewa (m)	weather
hewş (m)	garden
hêlîn (m)	nest
hilanîn	to clear away
hildan	to lift
hilkirin	to uproot
hilpekîn	to jump up
hinar (m)	pomegranate
Hindistan (m)	India
hin	some
hinek	a little
hirmî (m)	pear
hîn bûn	to learn
hînkar	teacher
Holenda (m)	Netherlands
holendî	Dutch (language)
huner (m)	art

Î

îngilîz	English
îngilîzî	English language
Îran (m)	Iran
îro	today
îsot (m)	paprika
îşev	tonight
îtalî	Italian
Îtalya (m)	Italy

J

ji	from
Ji kerema xwe!	Please!
ji kû (derê)	from where
jin (m)	woman
jî	auch
jîn	to live

K

kar (n)	work
keç(ik) (m)	girl, daughter
kêfa yekî/ê xweş kirin	to make so. happy
keleh (m)	castle
kemer (m)	belt
ker (n)	donkey
Kerem bike!	Here you are! Please!
kesk	green
ketin	to fall; to enter
kevn	old
Keyaniya Yekbûyî	United Kingdom
kiras (n)	dress
kirîn	to buy
kî	who
kîjan	which
kîvroşk (m)	rabbit
kizwan (m)	terebinth
kolan (m)	street
kuçe (m)	street
kumik (n)	cap
kund (n)	owl
kur (n)	son
kursî (n)	chair
kurt	short

L

laş (n)	body
lempe (m)	lamp
lepik (n)	glove
lê	but
li	in
li ber	in front of
li bin	under

li cem	near
li kû (derê)	where
li pêş	in front of
li pişt	behind
li raserê	over
li ser	on
Li ser çavan!	Nice to meet you!
ling (n)	leg
li (xwe) kirin	(oneself) clothe
lîstin	to play
loma	therefore

M

macar	Hungarian
macarî	Hungarian language
Macaristan (m)	Hungary
mam (n)	uncle (father's brother)
mamoste	teacher
mase (m)	table
masî (n)	fish
meh (m)	month
mekteb (m)	school
meqerne (m)	pasta
meqes (n)	scissors
Merheba!	Hello!
met(ik) (m)	aunt (father's sister)
meydan (m)	square
mê	feminine
mijûl bûn *(pê re)*	to be busy *(with)*
mil (n)	shoulder
minare (m)	minaret
mirîşk (m)	hen
mirov	human
mirovî	humanistic
mişk (n)	mouse
mixabin	unfortunately
mizgeft (m)	mosque
mînak (m)	example
mont (n)	mantle
mûz (m)	banana

N

na	no
name (m)	Mail, letter
nan (n)	bread
nanpêj	baker
nas kirin	to know
nav (n)	name
naxwe	then
nebaş	bad
netewe (m)	nation
nexweş (m, n)	patient
nexweşxane (m)	hospital
Newroz (m)	Kurdish New Year's Fest
nêr	masculine
nêrîn	to look
niha	now
nikil (n)	beak
nîv (n)	half
nîvro (m)	midday (noon)
nivîsîn	to write
Norwêc (m)	Norway
norwêcî	Norwegian (language)
Noşî can be!	Enjoy your meal!
nû	new

O

ode (n)	room
otobûs (m)	bus
Oxir be!	Good bye!

P

pakêt (m)	package
parastin	to protect
paşnav	surname
pere (n)	money
petat (m)	potato
peya bûn	to step out/off
pêçî (n)	toe
pêjimêrk (m)	calculator
pêlav (m)	shoe
pêpelûk (m)	stairs
pêşeroj (m)	future
pêşnav	name
pî (n)	foot
pir	bridge; very
pirç (m)	fur
pîrek (m)	woman

pirjimar	plural
pirs (m)	question
pirsîn	to ask
pirteqal (m)	orange
pirtûk (m)	book
pisîk (m)	cat
pişt (m)	back
piştî	after
piştre	afterwards
pîvaz (m)	onion
polîs	police officer
polon	Polish
polonî	Polish (language)
Polonya (m)	Poland
por (n)	hair
poz (n)	nose
psîkolojî (m)	psychology
pûrt (n)	feather

Q

qat (m)	floor; layer
qaz (m)	goose
qehweyî	brown
qelem (m)	pen
qiloç (n)	horn
qrewat (m)	tie
qul kirin	to make a hole
qutî (m)	box

R

rabûn	to get up
radan	to lock up
raketin	to fall asleep
rakirin	to put away
randevû (m)	appointment
rast	right
rasterast	straight ahead
rastî (m)	truth
raxistin	to hang
razan	to sleep
ref (n)	shelf
reng (n)	colour
reş	black
rê (m)	way; road
rê nîşandan	to describe the way
roj (m)	day; sun
Rojbaş!	Hello! Good day!
rojbûn (m)	birthday
rovî (n)	fox
rûniştin	to sit; to live
rûs	Russian
rûsî	Russian language
Rûsya (m)	Russia

S

sal (m)	year
sar	cold
sayî	cloudless
se (n)	dog
ser (n)	head
(serê) xwe şûştin	to shower
serî lê dan	to visit
Serkeftin!	Success!
sêv (n)	apple
sibe(h) (m)	morning
silamet (m)	health(y)
silav (m)	greeting
sing (m)	breast
sîr (m)	garlic
siwar bûn	to get in; to step on
sond (m)	swear
sor	red
Spas!	Thank you!
spî	white
stran (n)	song
strî (m)	thorn
stû (n)	neck
sûr (m)	city wall
Swêd (m)	Sweden
swêdî	Swedish (language)

Ş

şagirt	pupil
şal (n)	trousers
şaredarî (m)	city hall
şekal (m)	shoe
şêr (n)	lion
şimik (m)	slipper

şîn	blue
şîr (n)	milk
şîv (m)	dinner
şort (n)	shorts
şûştin	to wash

T

tarîf kirin	to describe
taştê (m)	breakfast
tav(ik) (m)	sun; sun ray
Temam!	OK! Alright!
tenê	only
têr	full (antonym of hungry)
tilî (m)	finger
tîp (m)	letter
tirî (n)	grape
tirk	Turk
tirkî	Turkish language
Tirkiye (m)	Turkey
tîşort (n)	t-shirt
trên (m)	train

Û

û	and

V

vala	empty
vebûn	to open (itself)
vegerîn	to return
vekirin	to open
veşartin	to hide
vir	here

W

welat (n)	homeland
werz (n)	season

X

xaçepirs (m)	crossword puzzle
xal (n)	uncle (mother's brother)
xaltî (m)	aunt (mother's sister)
xan (m)	palace
xanî	house
xanim (m)	woman
xebatkar	employee
xemrî	purple
xêr (m)	favour; good; charity
xilt (n)	mole
xiyar (n)	cucumber
xox (m)	peach
xwe	oneself
xwe dan naskirin	to introduce oneself
Xwedê ji te razî be!	Thank you!
xweh (m)	sister
xwendin	to read; to study
xweş	tasty; pleasant; beautiful
xweşik	beautiful

Y

yekjimar	singular

Z

zanîn	to know
zanîngeh (m)	university
zarok	child
zebeş (n)	watermelon
zer	yellow
zik (n)	stomach
zilam (n)	man
ziman (n)	tongue; language
zimanê zikmakî	mother tongue
zîvirîn	to turn

Rayeka lêkerê

Verb *(intransitive)*	**Present stem**	**Past stem**
bezîn (to run)	-bez- *(dibezim)*	-bezî-
çûn (to go)	-ç-	çû-
derketin (to go out)	der-kev- *(derdikevim)*	derket-
firîn (to fly)	-fir-	firî-
gihan (to arrive)	-gih-	giha-
hatin (to come)	-ê- *(di + ê +im → **têm**)*	hat-
herikîn (to flow)	-herik-	herikî-
ketin (to fall)	-kev-	ket-
kuxîn (to cough)	-kux-	kuxî-
man (to remain)	-mîn-	ma-
rabûn (to get up)	ra-b-	rabû-
rûniştin (to sit)	rû-n-	rûnişt-
şiyar bûn (to wake up)	şiyar -b-	şiyar bû-
vegerîn (to return)	ve-ger-	vegerî
xebitîn (to work)	-xebit-	xebitî-
xuya kirin (to look like)	xuya -k- *(xuya dikim)*	xuya kir-
zanîn (to know)	-zan-	zanî
Verb *(transitiv)*	**Present stem**	**Past stem**
ajotin (to drive, to ride)	-ajo- *(diajom)*	ajot-
anîn (to bring)	-în- *(di + în +im → **tînim**)*	anî-
avêtin (to throw)	-avêj-	avêt-
çêkirin (to do/make something)	çê-k-	çêkir-
dan (to give)	-d-	da-
dîtin (to see, to find)	-bîn-	dît-
girtin (to catch, to hold)	-gir-	girt-
gotin (to say)	-bêj-	got-
kirin (to make, to do)	-k-	kir-
kirîn (to buy)	-kir-	kirî-
nêrîn (to watch, to look at)	-nêr-	nêrî-
nivîsîn (to write)	-nivîs-	nivîsî-
parastin (to protect)	-parêz-	parast-
pirsîn (to ask)	-pirs-	pirsî-
şûştin (to wash)	-şo-	şûşt-
vexwarin (to drink)	ve-xw-	vexwar-
xwarin (to eat)	-xw-	xwar-
xwendin (to read, to study)	-xwîn-	xwend-
xwestin (to want)	-xwaz-	xwest-

Bersiv

For the **Audio files**, please visit our website:

www.serkeftin.com

Beşa yekem

C. Alfabeya kurmancî

4) Fill in the blanks with the correct form of verb „to be".

1. Navê te çi ye?
2. Tu kî yî?
3. Hûn kî ne?
4. Navê min Zerya ye.
5. Navê min Hogir e.
6. Em Zerya û Hogir in.
7. Ma tu Zerya yî?
8. Erê, ez Zerya me.
9. Ma tu Hogir î?
10. Erê, ez Hogir im.
11. Ma Zerya baş e?
12. Hûn ji kû ne?
13. Ez ji Kurdistanê me.
14. Em ji Brîtanyayê ne.
15. Ew ji Kurdistanê ye

D. Merheba! Tu çawa yî?

2) Answer the questions.

1. Ew ji Zaxoyê ye
2. Na, ew îngilîz e.
3. Hêja Torî ji Mêrdînê ye.
4. Şîlan Hemrîn dixtorê Zelalê ye.
5. Maria ji Londonê ye.
6. Nazenîn bi almanî dizane.
7. Mary kurmancî hîn dibe.
8. Hêja Torî.
9. Ew bi kurmancî, almanî û îngilîzî dizane.
10. Ew bîst û heft salî ye.

E. Xwedannaskirin

1) Listen and fill in the blanks. 

Rojbaş! Navê min Bahoz e. Ez 24 salî me. Ez li Londonê rûdinim. Ez beşa mamostetiyê dixwînim. Zimanê min ê zikmakî kurmancî ye. Ez niha almanî fêr dibim.

Merheba! Navê min Julia ye. Ez 23 salî me. Ez ji Brightonê me, lê li Londonê beşa psîkolojiyê dixwînim. Zimanê min ê zikmakî îngilîzî ye. Ez kurmancî fêr dibim.

Dembaş! Navê min Şêrko ye. Ez 34 salî me. Ez li Hamburgê dijîm. Ez dixtor im. Zimanên min ên zikmakî kurdî û almanî ne. Ez niha fransî hîn dibim.

Rojbaş! Navê min Dîlan e. Ez 25 salî me. Ez ji Amedê me, lê li Stembolê dijîm. Ez hemşîre me. Zimanên min ên zikmakî kurmancî û tirkî ne. Ez niha erebî hîn dibim.

3) Fill in the blanks with the possessive pronouns.

1. Navê mamosteyê **te** çi ye?
2. Gundê **me** li kû ye?
3. Çend sêvên **we** hene?
4. Şalê **wî/wê** çi reng e?
5. Hevala **wî/wê** ji kû ye?
6. Destê **min** mezin e.
7. Xwarina **wan** xweştir e.
8. Xaniyê **wî/wê** ji vir dûr e.
9. Xaniyê **te** li kû ye?
10. Hevalê **wî/wê** kî ye?

Beşa duyem

A. Hejmar

2) Write down the numbers.

67	şêst û heft
452	çar sed û pêncî û du
1045	hezar û çil û pênc
1990	hezar û neh sed û not
2004	du hezar û çar

B. Gundê me

1) Listen and fill in the blanks.
heşt (8) – **64** - **187** – dibistan**ek** – **73** – **du** (2) – **gelek**

C. Rojên hefteyê

3) Find the correct translation.

1 – d 2 – c 3 – f 4 – a 5 – b 6 – ç 7 – e 8 – ê

D. Dema niha

1) Fill in the blanks with present tense.
1. naxwin. (na / xwarin)
2. dibezim. (bezîn)
3. têyî (hatin)
4. çênakim (na / çêkirin)
5. dixwîne (xwendin)
6. dibînim (dîtin)
7. dixwazin (xwestin)
8. dinivîsî (nivîsîn)

E. Gera Amedê

1) Conjugate verbs in present tense.
dest pê dike (dest pê kirin) – **siwar dibim** (siwar bûn) – **diçim** (çûn) – **diherike** (herikîn) – **hene** (hebûn) – **in** (bûn) – **peya dibim** (peya bûn) – **e** (bûn) – **kêfa min xweş dike** (kêfa yekî/ê xweş kirin) – **in** (bûn) – **in** (bûn) – **dewam dike** (dewam kirin) – **bêhna mirovan fireh dike** (bêhna yekî/ê fireh kirin) – **diçim** (çûn) – **vedixwim** (vexwarin) – **çêdikin** (çêkirin) – **e** (bûn) – **dewam dike** (dewam kirin) – **me** (bûn) – **e** (bûn) – **berê xwe didim** (berê xwe dan) – **hene** (hebûn) – **me** (bûn) – **dilê min diçe** (dilê yekî/ê çûn) – **ye** (bûn) – **im** (bûn) – **vedigerim** (vegerîn)

Beşa sêyem

B. Cînavkên pirsê

1) Form the sentences.
1. Tu çend salî yî?
2. Ew ji kû derê ye?
3. Hevalê te kî ye?
4. Kengî rojbûna te ye?
5. Kîjan pirtûka te ye?
6. Navê te çi ye?
7. Mala te li kû ye?
8. Tu kê nas dikî?
9. Tu çima diçî malê?
10. Ew çawa ye?

C. Meh û Demsal

1) Write down the seasons.
1. Ew payîz e. 2. Ew havîn e. 3. Ew zivistan e. 4. Ew bihar e.

2) Ask your neighbours.

1. Adar meha biharê ye.
2. Rojbûna min di adarê de ye.
3. Havîn bi hezîranê dest pê dike.
4. Em niha di gulanê de ne
5. Na, ew meha havînê ye.
6. Nîsan e.
7. Cotmeh e.
8. Îlon, cotmeh û mijdar mehên payîze ne.
9. Navê meha dehan cotmeh e.
10. Erê.

D. Tu çi karî dikî?

1) Write the suitable profession under the picture.

1. mamoste
2. hemşîre
3. dixtor
4. polîs
5. nanpêj
6. garson
7. cotkar
8. endazyar

2) Listen and fill in the blanks with the following verbs.

e – **me** – mijûl **dibim** – **didim** – derman **dikim** – **dinivîsim** – agahdar **dikim**

3) Find the correct translation.

1 – j, 2 – d, 3 – î, 4 – a, 5 – b, 6 – h, 7 – c, 8 – ê, 9 – ç, 10 – e, 11 – f, 12 – g, 13 – l, 14 – n, 15 – k, 16 – m

E. Zayenda navdêrê

1) Fill in the blanks with the endings of nouns.

1. şekalekê
2. hevala
3. dotmama
4. Hevalino – pirtûkinan
5. dersekê
6. Hogiro – sînemayê
7. malekê
8. cihekî
9. Hogirî
10. Darin – hewşa
11. Gundên
12. salan
13. Xwendekarin
14. heywanan
15. birayê
16. bajarê

Beşa çarem

A. Saet çend e?

1) Write down the time.

1.Saet heft e. 2.Saet heşt û çaryek e. 3.Saet neh û nîv e. 4.Saet yazdeh kêm deh e.

3) Hevokan ava bikin.

1. Saet dehên sibehê ye.
2. Saet heft kêm çaryekê êvarê ye.
3. Ez li saet şeşên êvarê li malê me.
4. Ew li saet dozdehên nîvroyê tê malê.
5. Ma tu li sê û nîvan li wir î?
6. Ew li saet şeşên sibehê radibe.
7. Em îro li saet heftan diçin bezê.
8. Ew li saet heştan li malê ne.
9. Li saet dehan derseke min heye.
10. Ez li saet dehên sibehê li cem te me.

B. Cînavkên nîşandanê

1) Cihên vala bi cînavkên nîşandanê dagirin.

1. vî
2. wan
3. vê

4. wê
5. Ew
6. Ev
7. wan
8. vê – wê
9. Wan – wî/wê
10. Ev

2) Navên wan binivîsin.

1. defter
2. mişk
3. komputer
4. qelem
5. mase
6. lempeya maseyê
7. kursî
8. kursî
9. berçavk
10. refê pirtûkan
11. ferheng
12. çenteyê piştê
13. meqes
14. pêjimêrk
15. cetwel

C. Hebûn / Nînbûn

1) Valahiyan dagirin.

1. Deftereke min heye. (hebûn)
2. Du qelemên min hene. (hebûn)
3. Ferhenga wî nîne. (nînbûn)
4. Kursiyên wan nînin. (nînbûn)
5. Li ser maseyê pirtûkek heye.

D. Fermanî

1) Forma fermanî binivîsin.

1. bixwe!
2. guh bide!
3. bi avêje!
4. were!
5. bixwîne!
6. çêbike!
7. bibîne!
8. bibeze!

E. Rênîşandan

1) Guh bidinê û cihên vala dagirin.

Otela spî: **rasterast** - **rastê** - **derbas** - **rastê** - **kêleka**
Dêra mezin: **Ji** - **heta** - **rastê** – **bimeşe** - **çepê** - **hemberê** - **ser**

Beşa pêncem

A. Rojeke min

1) Wêneyan li hevokan bînin.

1 – L, 2 – G, 3 – C, 4 – Î, 5 – M, 6 – B, 7 – N, 8 – F, 9 – E, 10 – H, 11 – D, 12 – A

B. Lêkerên alîkar

1) Cihên vala dagirin.

1. dixwazin – bimînin
2. dikarin – bibezin
3. divê – biçî
4. dikarî – bixebitî
5. Divê – bin
6. dikarî – binivîsî
7. dixwazin – bikirin
8. Divê – qeyd bikî
9. naxwazim – bixwînim
10. Divê – bifirim
11. nikarim – biçim
12. Divê – nemînin

C. E-Name

2) Bring the E-Mail sentences in a correct order.
1 – a, 2 – d, 3 – c, 4 – b, 5 – f, 6 – g, 7 – e, 8 – h

D. Cînavka vegerok

2) Fill in the the blanks with the reflexive and possessive pronouns.

1. Hevalek **xwe** dilezîne.
2. Ez hevalê **wan** im.
3. Em ji **xwe** hez dikin.
4. Tu **min** fêhm nakî.
5. Tu **xwe** dibînî.
6. Em birayên **te** nas dikin.
7. Gelo tu **wî/wê** dibînî?
8. Tu li zanîngeha **xwe** yî.
9. Ew li mala **xwe** ye.
10. Delal bavê **xwe** nas nake.

E. Malbat

1) Cihên vala dagirin.

1. Siyabend *kalikê* Bawer e.
2. Zîlan xaltiya Bawer e.
3. Hogir bavê Bawer e.
4. Stî meta Bawer e.
5. Şîrîn diya Bawer e.
6. Rêzan birayê Bawer e.
7. Berham mamê Bawer e.
8. Zerya xweha Bawer e.
9. Kerem xalê Bawer e.
10. Zîn pîrika Bawer e.
11. Bawer kurê Hogir e.

Beşa şeşem

A. Taştêya Wanê

1) Guh bidinê û cihên vala dagirin.

Hinek ji wan ev in: nanê sêlê, qewîtk, zeytûnên reş û şîn, penîrê bisîrik, rîçalên cur bi cur, hêka qelandî, hingiv, bacanên sor, îsot, mêweyên hişkkirî, mast, caciq û wisa dûvdirêj dewam dike. xwarin li ber çavên we hindik xuya dike. Li ber taştê hertim çaya reş heye.

2) Navên lêhatî li bin wêneyan binivîsin.

1. rîçal	2. Penîr	3. çay	4. hingiv	5. nan	6. zeytûn
1. qehwe	2. îsot	3. mast	4. hêk	5. nîviş	6. sosîs

B. Rêziman

1) Valahiyan bi „xwe“ yan jî „hev(du)“ dagirin.

1. Ew xwe dilezîne.
2. Ez ji xwe hez dikim.
3. Hûn hevdu fêhm nakin.
4. Tu xwe dibînî.
5. Em hevdu nas dikin.
6. Ma tu li mala xwe yî?

C. Sêv li kû ye?

1) Cihên vala bi daçekên di qutiyê de dagirin.

1. Sêv *li raserê* qutiyê ye.
   Sêv *li raserê* ye.
2. Sêv di nava qutiyê de ye.
   Sêv di navê de ye.
3. Sêv li ber qutiyê ye.
   Sêv li berê ye.
4. Sêv li pişt qutiyê ye.
   Sêv li piştê ye.
5. Sêv li ser qutiyê ye
   Sêv li serê ye.
6. Sêv li cem qutiyê ye.
   Sêv li cemê ye
7. Sêv li bin qutiyê ye.
   Sêv li binê ye.
8. Sêv di navbera qutiyan de ye.
   Sêv di navberê de ye

D. Hobî û spor

1) Ew çi dikin? Li jêr binivîsin.

1. futbol lîstin
2. boks kirin
3. li gîtarê xistin
4.li hêsp siwar bûn
5.avjenî kirin
6.karate kirin
7.tenis lîstin
8.bezîn
9.reqisîn
10.li piyanoyê xistin
11.kaşûn kirin
12.xwendin
13.wêne çêkirin
14.bisiklêt ajotin
15.bipeya gerîn

E. Ev kîjan heywan e?

1) Nav û ravekirinan li hev bînin.

1. c – dîk
2. a – çêlek
3. h – ker
4. e – mirîşk
5. f – masî
6. b – fîl
7. î – şêr
8. g – kund
9. d – beraz
10. m – kîvroşk
11. j – se
12. l – pisîk

Beşa heftem

A. Rengdêran nas bikin

1) Nivîsê bixwînin û rengdêran bibînin.

bilind	teng	fireh	kevnar
ciwan	kevirî	biçûk	
pirreng	nêzîk	nû	
kevn	xweşik	mezin	

2) Rengdêrên dijwate li hev bînin.

1 – a 2 – c 3 – i 4 – m 5 – b 6 – e 7 – f
8 – g 9 – h 10 – d 11 – k 12 – l 13 – n 14 – j

D. Dema borî ya sade

1) Valahiyan li gorî dema borî ya sade dagirin.

1. Me xwarin xwar.
2. Ma tu li vir rûniştî?
3. Hûn bi me re nehatin.
4. Ew kengî çû malê?
5. Ez îro li parka bajêr bezîm.
6. Ma tu kengî hatî malê?
7. Min duh xwarin çêkir.
8. Wî pirtûkeke Jan Dostî nexwend.
9. Min duh hevala xwe li bazarê dît.
10. Saet çend bû?

2) Bedirxan çi çênekir? Dersa xwe çênekir.

Beşa heştem

B. Rojeke min li Amedê

1) Lêkeran li gorî dema borî ya sade bikişînin.

dest pê kir (dest pê kirin) – **siwar bûm** (siwar bûn) – **çûm** (çûn) – **herikî** (herikîn) – **hebûn** (hebûn) – **bûn** (bûn) – **peya bûm** (peya bûn) – **bû** (bûn) – **kêfa min xweş kir** (kêfa yekî/ê xweş kirin) – **dîtin** (dîtin) – **bûn** (bûn) – **dewam kir** (dewam kirin) – **bêhna mirovan fireh kir** (bêhna yekî/ê fireh kirin) – **çûm** (çûn) – **vexwar** (vexwarin) – **çêkirin** (çêkirin) – **bû** (bûn) – **dewam kir** (dewam kirin) – **bûm** (bûn) – **bû** (bûn) – **berê xwe da** (berê xwe dan) – **hebûn** (hebûn) – **bûm** (bûn) – **dilê min çû** (dilê yekî/ê çûn) – **xwar** (xwarin) – **bû** (bûn) – **vegerîm** (vegerîn)

C. Sebze û mêwe

1) Nav û hejmaran li hev bînin.

a. 3
b. 4
c. 5
d. 8
e. 1
f. 2
g. 6
h. 7
i. 16
j. 12
k. 10
l. 9
m. 11
n. 13
o. 15
p. 1

D. Ev bi çiqasî ye?

2) Bixwînin û pirsan bibersivînin.

1. Alanî bi 23 ewro û 50 sentan tişt kirîn.
2. Erê
3. Alanî li ser refan zeytûnên kesk nedîtin.
4. Pakêteke şîr kirî.
5. Na.
6. Zelalê sê ewro û nîv dan Alanî.
7. Zelalê bi şeş ewroyan tiştên xwe kirîn.

Beşa nehem

A. Laşê mirovî

1) Gotinan û beşên laşî li hev bînin.

a. 15	e. 6	a. 16	f. 3	j. 7
b. 14	f. 2	b. 10	g. 12	
c. 9	g. 17	c. 4	h. 5	
d. 11	h. 13	d. 1	i. 8	
		e. 18		

2) Valahiyan dagirin.

yekjimar

- lingê min
- bêvila wî
- serê wê
- stûyê te

pirjimar

- lingên min
- bêvilên wan
- serên we
- stûyên me

B. Randevûya dixtorî

1) Read the dialogue and choose the correct answer.

Erê Na

1. Delal nexweş e.

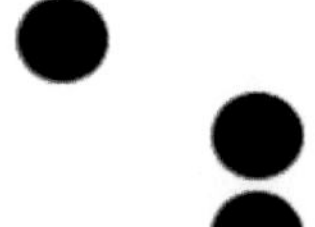

2. Delal bi tenê diçe doktor.
3. Lingên Delalê diêşin.

4. Guhekî Delalê sor e.
5. Doktor ji wê re dermanek nivîsî.

6. Divê Delal hefteyekê sporê bike.

7. Bêvila Delalê diherike.
8. Divê Delal dermanên xwe bi zikê têr bixwe.

C. Daçek

1) Daçekan bibînin.

Ji ... re	di ... de	li ser	ji bo
Ji x 2	li x 2	di ber re	

D. Paşgirên biçûkker

1) Peyvan bi paşgirên biçûkker temam bikin.

1. Kurik
2. Marmarok
3. Keçik
4. Mêrik
5. Jinik
6. Gundik
7. Parçe
8. Zarok
9. Darkutok
10. Bêhnok
11. Tavik
12. Gerok

E. Lêkerên pêkhatî

1) Wergerên rast bibînin.

1. b
2. a
3. ç
4. c
5. e
6. d
7. h
8. g
9. i
10. ê
11. f
12. m
13. î
14. l
15. j
16. k

2) Lêkerên li jêr di dema niha de bikişînin.

a. derdiketim
b. hildidim
c. hildikim
d. hildipekim
e. radibim
f. radidim

3) Lêkerên li jêr di dema niha de û di rewşa nerênî de bikişînin.

a. radike
b. radixe
c. vedixwe
d. vedigere
e. vedike
f. vedişêre

4) Lêkerên pêkhatî pêkbînin.

a. raketin
b. vekirin
c. vexwarin
d. hildan
e. çêkirin

5) Lêkerên pêkhatî pêkbînin.

a. rabûn
b. vegerîn
c. derketin
d. berdan
e. hilkirin
f. rûniştin

6) Lêkeran di dema niha de bikişînin.

radibim – vexdiwim – derdikevim – vedikim – rûdinim – vedigerim – radikevim

Beşa dehem

A. Dema bê

1) Valahiyan dagirin.

1. Ez ê bi te re bixwim.
2. Ma tu yê sibe biçî sînemayê?
3. Ew ê ezmûnekê nenivîse.
4. Hûn ê kengî avjeniyê bikin?
5. Ez ê roja înê bifirim.
6. Em ê wî piştre bibînin.
7. Li saet çendan trên dê bigihije vir?
8. Gelo ez ê dersa xwe li wir çênekim?
9. Ez ê bi wan re herim malê.
10. Em ê çawa li bisiklêt siwar bibin?

1) Translate the text into future tense.

Ez ê li saet heftan şiyar bibim. Pêşî ez ê dest û rûyê xwe bişom. Piştre ez ê cilên xwe li xwe bikim. Ez ê li saet heft û nîvan taştêyê bixwim. Piştî taştêyê ez ê diranên xwe firçe bikim. Ez ê di saet heştan de ji malê derbikevim. Ez ê di saet heşt û çaryekê de li trênê siwar bibim. Ez ê ji saet heşt û nîvan heta çarên nîvroyê li zanîngehê bim. Ez ê piştî zanîngehê dersa xwe çêbikim. Ez ê li saet şeşên êvarê serê xwe bişom. Ez ê bi şevê darî televîzyonê bikim. Ez ê li saet dozdehên şevê razim.

B. Rengên me

2) Ew çi reng e?

Ev panda **reş û spî** ye.
Ev pisîk **gewr** e.
Ev mûz **zer** e.
Ev kîsik **kesk** e.
Ev kulîlk **xemrî** ye.
Ev qelem **pirteqalî** ye.
Ev îsot **sor** e.
Ev hêk **şîn** e.

C. Çûna sînemayê

1) Pirsan li gorî diyalogê bibersivînin.

1. Îro pêncşem e.
2. Ew ê sibe (înê) biçin sînemayê.
3. Berfîn, Dilyar û Hêlîn.
4. Li saet heftên êvarê.
5. Ew ê herin fîlmê Kîso jî dikarin bifirin.

D. Li firoşgeha cilan

1) Diyalogekê ava bikin.

a. 20
b. 12
c. 1
d. 2
e. 23
f. 8
g. 3
h. 15
i. 19
j. 16
k. 9
l. 11
m. 5
n. 6
o. 7
p. 13
q. 4
r. 14
s. 17
t. 18
u. 10
v. 21
w. 22

2) Navên rast li bin wêneyan binivîsin.

1. kiras
2. gore
3. gomlek
4. şort
5. çakêt
6. şal
7. tîşort
8. şimik
9. derpêk
10. pêlav
11. mont
12. qrewat
13. lepik
14. kemer
15. kumik

3) Wê çi li xwe kir? Guh bidinê.

şalekî gewr, gumlekekî zer, gorên reş, montê sor

Made in the USA
Las Vegas, NV
09 February 2023